# Cupid and Psyche

An adaptation from The Golden Ass of Apuleius

M. G. Balme

*Former Assistant Master, Harrow School*

J. H. W. Morwood

*Assistant Master, Harrow School*

**Oxford University Press**

# OXFORD

UNIVERSITY PRESS

Great Clarendon Street, Oxford OX2 6DP

Oxford  New York
Auckland  Cape Town  Dar es Salaam  Hong Kong  Karachi  Kuala Lumpur
Madrid  Melbourne  Mexico City  Nairobi  New Delhi  Taipei  Toronto  Shanghai
With offices in
Argentina  Austria  Brazil  Chile  Czech Republic  France  Greece
Guatemala  Hungary  Italy  Japan  South Korea  Poland  Portugal
Singapore  Switzerland  Thailand  Turkey  Ukraine  Vietnam

Oxford is a registered trade mark of Oxford University Press
in the UK and in certain other countries

*Oxford* is a trade mark of Oxford University Press

© Oxford University Press 1976
10

Printed in China

# Preface

In this adaptation of Apuleius' *Cupid and Psyche* we have followed a format similar to that of *The Millionaire's Dinner Party* and the main purposes of the book are the same—to provide a bridge between made-up and real Latin and a means of revising syntax. The problems met in adapting Apuleius are rather different from those posed by Petronius. The syntax of Apuleius is relatively simple and little adaptation has been necessary in this respect; in the earlier stages of the book the text is comparatively close to that of Apuleius and in the later it is essentially unchanged apart from omissions. We have made considerable omissions throughout to reduce the work to a manageable length and have also pruned individual sentences pretty heavily. Apuleius' style is exuberant and highly decorated and the mere length of the sentences with their conglomeration of epithets and participle phrases would be confusing to beginners.

In making these cuts we have tried to avoid entirely destroying the peculiar flavour of Apuleius' style. We have not attempted to exclude all his poetic and rare words, which contribute much to the tone of the work, and we have nearly always kept his word order; we do not believe that this will present too much difficulty owing to the simplicity of the syntax and the flow of the sense.

Syntactical features have been introduced in sequence. Here the problem has been to illustrate adequately all the constructions commonly found in Latin prose; there are, for instance, very few examples of subjunctive conditionals and fewer of the relative with the subjunctive. Rather than foist more examples on Apuleius' text, which we have done very sparingly, we have relied on the pattern sentences to provide adequate illustration and have given rather more of these than in *The Millionaire's Dinner Party*. After the pattern sentences, we have again included continuous passages for written translation. We are convinced that these exercises are useful as a check on pupils' understanding and increase their confidence. In the first six chapters these passages are based closely on the text; in chapters 7 to 12 they give a secondary continuous narrative selected from other parts of *The Golden Ass*; they outline the story of Lucius' metamorphosis and lead up to the point at which the story of Cupid and Psyche begins. These passages have been adapted so that they introduce the syntactical features which have appeared in the relevant chapter; rare words are given in the text, common words added to the vocabulary.

We have placed comprehension questions after the text of each chapter. Besides testing understanding at sense level these questions raise points of interpretation and appreciation. We have on the whole preferred to introduce such critical questions here rather than to give our own answers in the notes. The notes are mainly confined to explanation of points of language and allusion.

The book is intended for the same range of students as *The Millionaire's Dinner Party*. Although the content and tone of *Cupid and Psyche* are very different from that of other works available to beginners, including *The Cambridge Latin Course* and *Ecce Romani,* readers brought up on the traditions of European folk story will feel that they are moving in a familiar world, and we hope that they will find it a pleasant foil to more traditional reading; it is certainly an entertaining story and contains passages of great beauty. Moreover it provides a bridge to reading not only unadapted prose but also poetry, since Apuleius' prose contains so many poetic features.

Finally, we should like to thank the advisers of the Oxford University Press, who besides correcting errors made so many helpful and constructive comments, and to acknowledge our debt to P. G. Walsh, *The Roman Novel* (Cambridge, 1970).

M.G.B.<br>J.H.W.M.

September 1975

# Contents

## *Sequence of syntax introduced*

**Chapter 1**    Simple indicative clauses; relative clauses; imperative; jussive subjunctive

**Chapter 2**    Participles

**Chapter 3**    Participles continued—ablative absolute; indirect statement

**Chapter 4**    Indirect statement continued; *ut, ne* final and indirect command

**Chapter 5**    Indirect question

**Chapter 6**    *Cum* = when, since; impersonal verbs

**Chapter 7**    Verbs of fearing; impersonal use of passive

**Chapter 8**    Conditional clauses

**Chapter 9**    Gerunds

**Chapter 10**   Gerundives; *ut* consequence

**Chapter 11**   Uses of the relative with the subjunctive

**Chapter 12**   Summary of some case usages

# List of illustrations

# Introduction

The story of Cupid and Psyche is told in the middle of a long novel
written by Apuleius in about 180 A.D. This novel, called *The Golden
Ass*, is constructed from a series of stories many of which are complete
in themselves and could be read separately. They are drawn together by
the introduction of a central character called Lucius, who gives an
account of his travels and adventures. Some of the stories are recounted
as happening to himself, while others are told by characters he meets in
his wanderings.

At the start of the book Lucius is travelling on business from his home
in Corinth to Thessaly, a district in northern Greece famous for witchcraft. On arriving at his destination he stays with a citizen called Milo.
Lucius is extremely curious about witchcraft and is delighted to hear
that Milo's wife, Pamphile, is a notorious witch. Soon he falls in love
with Pamphile's maid, Fotis, and she with him. He asks Fotis to let him
watch Pamphile perform some magic, and one night, hidden behind the
door, he sees her change herself into a bird.*

Delighted by this performance he persuades the reluctant Fotis to let
him try to do the same. But unfortunately Fotis gives him the wrong
ointment and he is changed into an ass and joins his own horse and
another ass in the stables; he retains his human consciousness but cannot
speak. The rest of the book centres round his adventures as an ass. The
same night as his transformation a band of robbers breaks into Milo's
house and drives off Lucius with the other animals to help carry the
plunder. After a long journey and several desperate attempts to escape
he arrives at the robbers' den, a cave in distant mountains. The next
evening the robbers come home with a new prey, a girl, for whom they
hope to extort a huge ransom. They hand her over to the old hag who
cooks for them; the girl begs the hag to pity her and in response she
says, 'I will tell you a charming old wives' tale to make you forget your
fears.' The tale she tells is that of Cupid and Psyche.

The tale might be called a romantic fairy story. The atmosphere is set by
the opening sentence: 'In a certain country there lived a king and queen
who had three very beautiful daughters . . .' Those brought up on Hans
Andersen will at once feel that they are moving in a familar world where
they will not be unduly surprised to come across a magic palace, an
invisible husband and a man-eating serpent; it is no shock to learn that
the youngest sister is the most beautiful and good, while the elder are

---

* Extracts from this part of *The Golden Ass* appear in the exercises on chapters 7 and 12.

jealous and wicked; and, of course, in the end right triumphs and the youngest lives happily ever after.

The atmosphere is established partly by the style in which Apuleius writes. The sentences are often long since they are heavily loaded with decoration, but their construction is simple. There are many features common in poetry. There is a great deal of alliteration and assonance; for instance in the second sentence of the first chapter: *at puellae iunioris tam praecipua, tam praeclara pulchritudo nec exprimi nec satis laudari sermonis humani penuria poterat.* The sentences are carefully balanced with emphatic words repeated: (*Psyche*) *spectatur ab omnibus, laudatur ab omnibus, nec quisquam, non rex, non regius . . . . accedit: mirantur quidem divinam speciem, sed ut simulacrum politum mirantur omnes* (chapter 2, lines 2–4). He often uses poetic words and poetic word order, in which words agreeing, e.g. adjective and noun, are widely separated. Sometimes he lifts whole phrases from the poets, especially Virgil (see chapter 11 and notes). The sentences often have a pronounced rhythm expressive of the sense.

In these ways Apuleius makes the supernatural appear natural, wonderful but not incredible; the reader suspends his disbelief. At the same time there is a strong element of humour, especially in the behaviour and speech of the jealous sisters, who often talk in a racy colloquial way (so one sister describes her husband as *cucurbita calviorem et puero pusilliorem,* 'balder than a pumpkin and more puny than a boy'). What they say and the way they say it are usually realistic in terms of human character. Apuleius often gets his effect by putting poetical and rhetorical passages alongside the realistic and colloquial (for instance, chapter 6, lines 1–23). This is especially clear in chapter 10 where Venus begins to take vengeance on Psyche. Psyche still moves in her poetical, magical world but Venus is a very human figure—a spiteful and jealous beauty, furious with Psyche partly because Psyche will make her a grandmother.

*Cupid and Psyche* may be read as a delightful romance without any hidden significance; as such it is very entertaining and contains passages of great beauty. But some view it as an allegory (a story with a symbolic meaning). Psyche is the Greek word for soul; Cupido is Latin for love. As an allegory the story may be taken to show the education of the soul in the right approach to love. Psyche (the soul) must be led out of her rash and untrusting state before she can attain divine happiness, and her ordeals represent the soul's sufferings in its search for spiritual truth. For Apuleius, this cannot be finally discovered without divine aid, and the rescue of Psyche by Cupid and her attainment of immortality symbolize the salvation of the human soul through the intervention of divine grace. Whatever readers may think of this view, it was certainly considered an acceptable interpretation in the Renaissance. John Milton (1608–74) near the end of his masque *Comus* has the Attendant Spirit describe a beautiful garden to which only the virtuous can gain admittance. Here

> Sadly sits the Assyrian queen (Venus).
> But far above in spangled sheen
> Celestial Cupid, her famed son, advanced,
> Holds his dear Psyche sweet entranced
> After her wandering labours long,
> Till free consent the gods among
> Make her his eternal bride,
> And from her fair unspotted side
> Two blissful twins are to be born,
> Youth and Joy; so Jove hath sworn.

The Spirit, about to fly up to the garden, takes human weakness into account, when, a few lines later, he concludes the masque with an exhortation that refers to Cupid's rescue of Psyche in chapter 12:

> Mortals that would follow me,
> Love Virtue; she alone is free.
> She can teach ye how to climb
> Higher than the sphery chime;
> Or if Virtue feeble were,
> Heaven itself would stoop to her.

In the main story Lucius, after long wandering as an ass and much suffering, at last recovers his human shape through the intervention of the goddess Isis, into whose mysteries he is initiated. There is a certain parallel between the plot of the main story and the plot of *Cupid and Psyche*. Lucius pays for his rash curiosity by his transformation into an ass, just as Psyche pays for hers by the loss of her husband. Both suffer long ordeals and learn from their sufferings. Both are ultimately saved by divine intervention.

Apuleius was born about A.D. 123 in Africa. He was educated in Carthage, Athens and Rome and travelled widely, to Egypt amongst other places. He married a rich widow in Tripoli (North Africa) and was accused of having won her heart by magic but was acquitted of the charge. In the end he settled in Carthage and became a highly respected citizen; he was elected chief priest of the province and won great fame as a poet, philosopher and orator. *The Golden Ass* is the only Roman novel which survives complete.

| 2 | *maiores natu* 'the older ones', literally 'the greater by birth'     *quamvis* 'although' *tamen* balances *quamvis* and means 'all the same'     *idonee* 'appropriately'. |
|---|---|
| 5 | *advenae* 'strangers'. |
| 6 | *ut* 'like'. |
| 8 | *quam . . . peperit* 'to whom the blue depths of the sea gave birth': Venus was said to have been born from the foam of the sea and first landed from her scallop shell on the island of Cythera before moving on to Paphos in Cyprus. |
| 9 | *conversatur* 'is living'. |
| 11 | *pervagatur* 'spreads through'. |
| 12-13 | Paphos, Cnidos and Cythera were three of the places most famous in the worship of Venus, to which worshippers of the goddess would make pilgrimages. They are all in the accusative case here—Greek forms, since they are the names of places in the Greek world.     *Cythera n.pl.*     *sacra n.pl.* 'sacred rites'. |
| 14 | *praetereuntur* 'are passed over, left undone'     *deformantur* 'are defaced'     *caerimoniae* 'religious ceremonies, worship'     *puellae* Note word order. Why should *puellae* come first? |
| 15 | *mane* 'in the morning'. |
| 16 | *per plateas* 'through the broad streets'; cf. Italian 'piazza'.     *floribus sertis* 'with wreaths of flowers', literally 'with wreathed flowers'. |
| 17 | *honores caelestes* 'heavenly honours', i.e. 'honours due to the gods'     *cultum* 'worship'. |
| 18 | *caput quassat* 'she shakes her head (in anger)'. |
| 19 | *en ego* 'look at me!'     *rerum naturae prisca parens* 'the original parent of all nature' (because all things spring from unions of love). |
| 20 | *partior* 'share'. |
| 21 | *impune* 'with impunity, unpunished'     *usurpabit* 'will usurp, take over'. |
| 22 | *paenitebit* 'she will regret' (with gen.)     *confestim* 'at once'     *puerum . . . illum* 'that winged son of hers': Cupid was pictured as a winged boy armed with bow and arrows. His other weapon, flames, symbolized the fire of love. |
| 24 | *stimulat* 'rouses'     *Psychen* accusative case—a Greek form as Psyche is a Greek word: genitive *Psyches*, dative *Psychae*, ablative *Psyche*. |
| 26-27 | *per maternae . . . foedera* 'by the bonds of a mother's love', i.e. the love which binds together mother and son     *ulciscere* imperative of *ulcisci* = to avenge. |
| 27-28 | *amore hominis infimi* 'love for the lowest of human beings'     *teneatur* 'let her be held' (jussive subjunctive). |
| 29 | *suaviata est     suaviari* = to kiss. |
| 30-31 | *nec moratur marinum obsequium* 'nor are her servants of the sea slow (to attend her)': Venus is met by a host of sea deities—the daughters of Nereus, sea nymphs, her charioteer (*auriga*), Palaemon, who drives a chariot drawn by a dolphin (*delphinus*), and Tritions, the mermen of Greek mythology, one of whom plays a conch shell (*concha*) like a trumpet (*buccinare* = to play the trumpet). |
| 32 | *persultant* 'leap through'. |
| 33 | *speculum* 'a mirror'. |
| 34 | *talis* agrees with *exercitus* (nom.). The unusual and rather poetic word order throws the important words into prominence. |

# Chapter 1

*Venus is angry*

Erant in quadam civitate rex et regina: hi tres filias pulcherrimas
habuerunt. quarum maiores natu, quamvis speciosae, idonee tamen
celebrari poterant laudibus humanis; at puellae iunioris tam praecipua,
tam praeclara pulchritudo nec exprimi nec satis laudari sermone humano
5   poterat. multi cives multique advenae, quos tam pulchri spectaculi
rumor ducebat, formositatem eius stupide admirabantur et eam ut ipsam
deam Venerem venerabantur. iamque proximas civitates haec fama
pervaserat: 'aut dea quam caerulum profundum maris peperit inter
homines conversatur aut Venus alia in terris nata est.' sic latius
10  procedit in dies opinio, sic insulas iam proximas et terras plurimas
fama pervagatur; iam multi homines longis itineribus terra marique
ad spectaculum conveniebant. Paphon nemo, Cnidon nemo, nemo ipsa
Cythera ad conspectum deae Veneris navigabat. sacra deae
praetereuntur, templa deformantur, caerimoniae negleguntur. puellae
15  omnes supplicant: ubi mane virgo domo procedit, victimas offerunt,
ubi per plateas ambulat, floribus sertis precantur.
    sic honores caelestes ad puellae mortalis cultum translati sunt.
verae autem Veneris vehementer incensus est animus: caput quassat
et sic ait: 'en ego, rerùm naturae prisca parens, quae cum mortali
20  puella honores partior. sed non sic gaudebit ista, quaecumque est,
nec sic meos honores impune usurpabit; iam huius ipsius formositatis
paenitebit.' et vocat confestim puerum suum pinnatum illum qui
flammis et sagittis armatus impune committit tanta flagitia. hunc
verbis stimulat et ducit ad illam civitatem, et Psychen—hoc enim
25  nomine puella appellabatur—ostendit et ubi totam illam narravit
fabulam summa indignatione, 'ego te' inquit 'per maternae caritatis
foedera precor, tuam parentem ulciscere. virgo ista amore
flagrantissimo teneatur hominis infimi et miserrimi.'
    sic dixit, et ubi filium suum diu suaviata est, proximas oras maris
30  petit. statim totum mare tranquillum factum est nec moratur marinum
obsequium. adsunt Nerei filiae quae chorum canunt, et auriga parvus
delphini, Palaemon; iam per maria persultant Tritonum catervae; alius
concha leniter buccinat, alius dominae speculum gerit, sub curru alii
natant. talis, ubi ad oceanum pergit, Venerem comitatur exercitus.

1    On the basis of the first few sentences of this chapter, what sort of story do you
     think this is going to be?
2    What rumour (*fama* 1.7) spread abroad about the youngest daughter? What were the
     results of this rumour?
3    What made Venus so angry? How does she show her contempt for Psyche? How
     does she decide to punish her?
4    Describe Venus and her attendants travelling over the sea. Draw a picture to
     illustrate your description.
5    In this chapter Venus is represented as a great goddess with very human characteristics;
     how is this impression conveyed?

iam per maria persultant Tritonum catervae

◀ puer pinnatus ille, qui impune committit tanta flagitia

| | |
|---|---|
| 1 | *nullum . . . percipit* 'reaps no harvest from her beauty'–a metaphor from agriculture: *fructus* = fruit, harvest. |
| 2 | *regius* 'prince'. |
| 3 | *plebeius* 'commoner'. |
| 4 | *ut simulacrum bene politum* 'like a well-polished statue'. |
| 5 | *desponsae* 'betrothed to'. |
| 5-6 | *virgo vidua* literally 'a widowed maiden' (which is a paradox): though *vidua* is sometimes used of unmarried girls (= without a lover), it far more commonly means 'widowed'. The phrase is used partly for the effects of alliteration (i.e. both words begin with the same consonant) and assonance (i.e. repetition of vowel sounds). These effects are carried on in the rest of the sentence. The phrase also suggests that Psyche should by rights be married and so is bereft of the husband due to her. |
| 9 | *Apollinis oraculum* Apollo was the god of prophecy. His most famous oracle was at Delphi in Greece; there was another at Miletus in Asia Minor. Here came pilgrims from all the Greek and non-Greek world to put their questions. Apollo's responses were given by a priestess called the Pythia who was inspired by the god; priests interpreted these responses in verse. So here Apollo's reply is given in the verse form known as elegiac couplets. |
| 11 | *in* governs *scopulo*      *excelsi excelsus-a-um* = high. |
| 12 | *mundo funerei thalami* 'with the dress of the funeral bed': *thalamus* is often used of the marriage bed: Psyche is to be the bride of Death. |
| 13 | *ne speres* 'and do not hope': *ne* + present or perfect subjunctive is frequently used instead of *noli* + infinitive in prohibitions.      *generum . . . creatum* 'a son-in-law sprung from mortal stock'. |
| 14 | *vipereum malum* 'a viper-like monster'. |
| 17-18 | *feralibus nuptiis* 'for the funeral marriage', i.e. the marriage with Death. The following lines refer to the usual features of a Greek or Roman marriage ceremony but in this passage all are marred by ill-omened sadness. The torch (*taeda*), which lit the way in a torch-light procession from the bride's house to that of the bridegroom, instead of burning with a cheerful flame, here 'droops in black ash' (*atro cinere marcescit*); the joyful 'marriage hymn' (*hymenaeus*) which accompanied the procession ends 'in wild cries of mourning' (*lugubris ululatus*); Psyche, 'the bride' (*nuptura*), 'wipes away' (*deterget*) her tears with her own 'bridal veil' (*flammeum*). |
| 21 | *misella* 'poor, unhappy', a diminutive form of *miser,* expressing pity. |
| 22 | *destinatam* 'destined'. |
| 22-23 | *feralis thalami sollemnia* 'the solemn rites of the funeral marriage'      *vivum funus* 'a living funeral', i.e. the funeral of a living person, a grisly expression. |
| 24 | *exsequias* 'last rites'. |
| 26 | *quid?* 'why?'. |
| 27 | *cruciatis* 'do you torture'      *canitiem* 'grey hair'      *scopulo* 'on the rock' (abl.). |
| 32 | *abstrusi* 'concealed'. |
| 34 | *Zephyrus* = the west wind, in Mediterranean countries the gentle wind of spring      *sensim* 'gently'. |
| 34-35 | *per devexa rupis* 'down the slopes of the cliff'      *gremio      gremium* = lap (as if the valley were a loving mother)      *reclinat* 'sets down'. |

# Chapter 2

## *Psyche's funeral marriage*

Interea Psyche nullum decoris sui fructum percipit. spectatur ab
omnibus, laudatur ab omnibus, nec quisquam—non rex, non regius, non
plebeius—accedit qui eius nuptias petit. mirantur quidem divinam
speciem sed ut simulacrum bene politum mirantur omnes. duae maiores
5   sorores regibus desponsae iam beatas nuptias habent, sed Psyche virgo
vidua domi residens deflet desertam suam solitudinem et odit ipsa
suam formositatem.

sic infortunatissimae filiae miserrimus pater, iram superum
metuens, Apollinis percontatur oraculum et precibus et victimis
10   filiae petit nuptias et maritum. sed Apollo sic respondit:
montis in excelsi scopulo, rex, siste puellam
ornatam mundo funerei thalami:
ne speres generum mortali stirpe creatum,
sed saevum atque ferum vipereumque malum.
15   rex ubi oraculum audiit tristis domum redit suaeque coniugi
praecepta sortis dicit. maerent, flent, lamentantur dies plurimos.
sed iam tempus adest quo dira sors debet effici; iam feralibus
nuptiis virginis miserrimae omnia parantur, iam taedae lumen atro
cinere marcescit, et cantus laetus hymenaei lugubri finitur ululatu,
20   et puella nuptura deterget lacrimas ipso suo flammeo.

sed imperiis Apollinis parere necesse erat; misella Psyche ad
destinatam poenam poscebatur. ubi perfecta sunt feralis thalami
sollemnia, dum totus sequitur populus, vivum producitur funus et
lacrimosa Psyche comitatur non nuptias sed exsequias suas. ac dum
25   maesti parentes nefarium facinus perficere cunctantur, ipsa illa
filia talibus eos hortatur vocibus: 'quid infelicem senectutem tanto
fletu cruciatis? quid canitiem scinditis? ducite me et scopulo
sistite.' haec locuta virgo tacuit. eunt ad constitutum scopulum
montis ardui, cuius in summo cacumine statutam puellam cuncti
30   deserunt et lacrimas fundentes capitibusque deiectis domum redire
parant. et miseri quidem parentes eius tanta clade defessi, clausae
domus abstrusi tenebris, perpetuae nocti se dediderunt.

Psychen autem paventem et trepidam mitis aura molliter spirantis
Zephyri sensim levat et, suo tranqillo spiritu vehens paulatim per
35   devexa rupis, vallis florentis gremio leniter delapsam reclinat.

1     Why does Psyche not marry, and how does she feel about remaining single?
2     Why does Psyche's father consult the oracle of Apollo?
3     Who, according to the oracle, will be Psyche's bridegroom? What do her parents think the oracle means?
4     Describe Psyche's funeral-marriage. How is the sadness of the occasion underlined?
5     When the procession reached the top of the mountain, how did Psyche behave? Do you admire her behaviour? Explain why you do (or do not).
6     In the last sentence, word-order, choice of words, and sound, including rhythm, all contribute to one effect. Discuss what this effect is and how it is achieved.

photo: miserrimus pater Apollinis percontatur oraculum

1       *roscidi graminis* 'of dewy grass'     *suaviter recubans* 'lying comfortably'.
2       *placido* agrees with *animo*.
2-3     *lucum . . . consitum* 'a grove planted with tall trees'.     *vitrea aqua perlucidum* 'bright with
       glass-clear water'.


6       *amoenitate* 'by the beauty, attractiveness'.
7       *explorat singula* 'she investigates everything'     *horrea* 'store chambers'     *gazis* 'treasures'.
8       *quod* '(the fact) that'.
9       *claustro* 'lock'.


**prope fontem est domus regia aedificata**

# Chapter 3

## *Psyche's paradise*

Psyche in toro roscidi graminis suaviter recubans dulciter conquievit.
iamque somno recreata placido resurgit animo. videt lucum proceris
arboribus consitum, videt fontem vitrea aqua perlucidum. prope fontem
domus regia est aedificata non humanis manibus sed divinis artibus.
5    nam tota domus auro nitet et argento et lapide pretioso. invitata
Psyche talium locorum amoenitate propius accessit et limen transire
ausa est. mox explorat singula et horrea magnis plena gazis conspicit.
omnia admiratur, sed hoc est praecipue mirum, quod nullo vinculo,
nullo claustro, nullo custode gazae illae muniebantur.
10      haec ei summa cum voluptate spectanti accedit vox quaedam sine
corpore et 'quid,' inquit 'domina, tantas admiraris opes? tua sunt

13      *famulae* 'servants'    *sedulo* 'diligently, conscientiously'.
14      *regales dapes* 'a feast fit for a king'.
15      *audiens* 'hearkening to', i.e. 'obeying'.
16      *cenatorio* 'a dining room'.
16-17   *vinum nectarium* 'wine like nectar': nectar was the drink of the gods.
18      *impulsa* is neuter plural agreeing with the two nouns *vinum* and *cibus*.
18-19   *verba excidentia* 'words falling out (of thin air)'.


20      *invisus* 'without being seen'.
21      *quae . . . ipsa* i.e. the lyre also was invisible.
22      *cubitum* 'to bed', the supine of *cubare* expressing purpose after a verb of motion, literally
            'to lie down'.
22-23   *provecta nocte* 'when the night was far advanced'.
24      *metuens* + dat. 'fearing for'.
25-26   *ascenderat . . . fecerat . . . discesserat* In the rest of this paragraph, apart from the imperfect
            *aderat*, Apuleius uses the historic present. These pluperfects perhaps suggest that
            everything has happened before Psyche even has time to think.    *lucis ortum* 'dawn',
            literally 'the rising of light'.
26-27   *novam nuptam* 'the new bride'.


29      *indefesso luctu* 'in unwearied (i.e. unceasing) grief'.


33      *fortuna* is the subject of *minatur*.
34      *opinione* 'by the report'    *vestigium requirentes* 'following your tracks'.
35      *lamentationes* 'lamentations'.
36      *ceterum* 'otherwise'.


38      *annuit* 'consented'    *ex arbitrio mariti* literally 'in accordance with her husband's will',
            i.e. 'as her husband commanded'.
40      *carcere* 'in prison'.
40-41   *de se* 'about her': in indirect speech the reflexives *se* and *suus* usually refer to the subject of
            the introductory verb, here Psyche.    *posset* subjunctive, since verbs in subordinate
            clauses in indirect speech are almost always in the subjunctive mood.
42      *ubertim* 'copiously, in floods'.

haec omnia. ergo cubiculum intra et conquiesce, et, si vis, lavacrum
pete. nos quarum voces audis tuae sumus famulae; sedulo tibi
serviemus, et corpore curato tibi regales dapes paratae erunt.'

15 Psyche igitur, has voces audiens, prius somno et mox lavacro se
recreat visoque cenatorio mensae libens accumbit. et statim vinum
nectarium cibusque varius nullo serviente sed spiritu quodam
impulsa afferuntur. nec quemquam illa videre poterat sed verba
tantum audiebat excidentia et solas voces famulas habebat. post

20 dapes quidam intravit et cantavit invisus, et alius citharam pulsavit,
quae videbatur nec ipsa.

finitis voluptatibus, concedit Psyche cubitum, iamque provecta
nocte dulcis quidam sonus ad aures eius accedit. tunc virginitati
suae metuens et pavet et horrescit. iamque aderat ignotus maritus

25 et torum ascenderat et uxorem sibi Psychen fecerat et ante lucis
ortum propere discesserat. statim voces cubiculo adsunt et novam
nuptam curant.

haec diu sic agebantur et Psyche tali vita delectari coepit.
interea parentes eius indefesso luctu consenescebant, latiusque

30 diffusa fama sorores illae maiores cuncta cognoverant propereque
maestae atque lugubres ad parentum conspectum perrexerant.

ea nocte suae Psychae sic ait maritus: 'Psyche, dulcissima et
cara uxor, maximum tibi periculum minatur fortuna. sorores iam tuae
mortis opinione turbatae tuumque vestigium requirentes ad scopulum

35 istum protinus aderunt; quarum si forte lamentationes audiveris,
neve respondeas neve prospicias omnino. ceterum mihi quidem
gravissimum dolorem, tibi vero summum creabis exitium.'

Psyche annuit et promisit se ex arbitrio mariti facturam esse;
sed, eo simul cum nocte dilapso, diem totum lacrimis misella consumit,

40 dicens se nunc periisse, quae carcere clausa ne sorores quidem de
se maerentes videre posset. nec lavacro nec cibo recreata, flens
ubertim concessit ad somnum.

1 Where was Psyche when she woke up? How did she feel and what did she see?
Describe the palace.
2 How is Psyche looked after and entertained in her palace?
3 In what frame of mind do Psyche's sisters go to see their parents?
4 What warning does Psyche's husband give her?
5 Why is Psyche so unhappy at the end of this chapter? What does this tell us about
her character?
6 How is the atmosphere of magic and the supernatural built up in this chapter?

1    *maturius* 'earlier'.
2    *expostulat* 'demands'
     *haeci-ne* an emphatic form of *haec* + *ne*.
3    *lacrimas* from *lacrimare*.
4    *ut voles* 'as you want'    *memineris* 'remember':
     the subjunctive expresses an order (jussive).

7    *persuadebat* 'tried to persuade' (conative imperfect).
8    *novae nuptae annuit* 'he agreed
     to his new bride's wish'
     *ne quando* 'that she should
     never . . .'.

11   *centies* 'a hundred times over'.
11-12   *te carebo* 'I lack, i.e. lose you'.

14   *mihi* 'for me'    *Zephyro . . . sistat*
     This appears to be the only means of
     transport to the magic home of Psyche.

15   *oscula suasoria* 'persuasive kisses'
     *blanditiis* 'caresses'    *mi mellite* 'my honey'.
18   *evanuit* 'vanished'.
20   *plangebant ubera* 'beat their breasts'.
21   *quoad* 'until'    *per prona* 'downwards'.
25-26   *nec mora* 'and no delay', i.e. 'and in a
     moment'    *flatibus*    *flatus -ūs* = breath:
     the Zephyr blows them down as we might
     blow a feather through the air.
27   *tectum et Larem nostrum* 'our hearth
     and home': a Lar is a household god
     whose image was kept in a small chapel
     or in a little shrine on the hearth.
29-30   *demonstrat auribus earum* Psyche can point
     out the *summas opes* to their eyes but her
     *familia* only to their ears. The expression
     is meant to sound incongruous.
31   *curiose* 'inquisitively'.
32   *sit* The subjunctive is used because the question is indirect (see next chapter).
34-35   *rurestribus . . . venationibus* 'in hunting in the countryside and on the mountains'
          *tacitum* 'secret'.

iuvenis rurestribus
venationibus occupatus

1    How does Psyche's husband react to her unhappiness at the beginning of this chapter?
     What warning does he give her?
2    What does Psyche ask him to do, and how does she get her way in the end?
3    What are the apparent feelings of the sisters about the loss of Psyche?
4    What do you suppose were Psyche's motives for showing her house and revealing her
     way of life to her sisters?
5    How does Psyche describe her husband?

# Chapter 4

## *Psyche gets her way*

Mox paulo maturius ad lectum maritus reversus eamque etiam nunc
lacrimantem complexus, sic expostulat: 'haecine mihi promittebas,
Psyche mea? et diem et noctem lacrimas neque inter ipsos complexus
coniugis desinis. age iam nunc ut voles. tantum memineris meae
5  monitionis cum coeperis sero paenitere.'
   tunc illa se morituram esse minatur, et precibus marito
persuadebat ut sorores videret, luctus mulceret, sermonem conferret.
tandem ille novae nuptae annuit sed saepe monuit ne quando sororum
pessimo consilio cedens de forma mariti quaereret; 'nam si' inquit
10 'hoc feceris, meum postea amplexum numquam continges.' illa gratias
egit marito iamque laetior 'centies moriar' inquit 'priusquam te,
marite carissime, carebo. amo enim te, quicumque es, nec ipsi
Cupidini te comparo. sed hoc etiam meis precibus, oro, redde, et illi
tuo famulo Zephyro impera ut sorores huc mihi sistat.' et imprimens
15 oscula suasoria, haec etiam blanditiis addit: 'mi mellite, mi marite,
tuae Psyches dulcis anima.' sic vi et potestate Veneris victus cessit
et cuncta se facturum esse promisit, atque iam luce appropinquante
de manibus uxoris evanuit.
   at illae sorores, percontatae de scopulo in quo erat Psyche deserta,
20 festinanter adveniunt, ibique lacrimabant et plangebant ubera. iamque
nomine sororem miseram ciebant, quoad, sono vocum per prona delapso,
amens et trepida Psyche procurrit e domo et 'quid' inquit 'vos
miseras lamentationes nequiquam effunditis? ego quam lugetis adsum.
lugubres voces desinite. iam potestis eam quam lugebatis amplecti.'
25    tunc vocatum Zephyrum admonet ut praecepta mariti efficiat. nec
mora, ille clementissimis flatibus deportat illas. iam Psychen
amplectuntur; sed illa 'et tectum' inquit 'et Larem nostrum laetae
intrate et miseras animas cum Psyche vestra recreate.' sic allocuta
summas opes domus aureae vocumque servientium familiam demonstrat
30 auribus earum lavacroque dapibusque opimis eas reficit.
   denique altera earum curiose percontari non desinit quis illarum
rerum sit dominus, quisve vel qualis sit ipsius maritus. nec tamen
Psyche mariti illud praeceptum obliviscitur sed fingit maritum esse
iuvenem quendam et speciosum, plerumque rurestribus et montanis
35 venationibus occupatum, et, ne consilium tacitum proderet, auro
gemmisque oneratas vocato Zephyro eas tradidit ut reportaret.

1     *egregiae* 'excellent': note the sharp irony.

1-2    *invidiae felle flagrantes* 'burning with the bitter bile of envy': alliteration reinforces the sense.   *en* 'look!'

4     *advenis* 'foreign'   *extorres Lare* 'exiled from our hearth'.

5     *novissima* 'the youngest'   *deo marito* this is the first explicit suggestion that Psyche's husband may be a god.

6     *splenderent* 'sparkled'.

7     *calcaretur* 'was trodden underfoot'   *quod si* 'but if'.

9     *patre meo* ablative of comparison.

9-10    *cucurbita . . . pusilliorem* 'balder than a pumpkin and more puny than a boy': notice the contempt conveyed by the alliteration.   *seris* 'with bars'.

**maritum habeo primum patre meo seniorem, dein cucurbita calviorem**

# Chapter 5

## *The sisters vent their spleen*

Quo facto sorores egregiae domum redeuntes iamque invidiae felle
flagrantes multa secum colloquebantur. sic denique ait altera: 'en
saeva et iniqua Fortuna! nos quidem, quae natu maiores sumus, maritis
advenis deditae, extorres et Lare et ipsa patria vivimus; haec autem
5    novissima tantis opibus et deo marito potita est, quae non uti recte
tanta bonorum copia novit? vidisti, soror, quae in domo splenderent
gemmae, quantum passim calcaretur aurum? quod si maritum etiam tam
formosum tenet, ut affirmat, nulla nunc in orbe toto felicior vivit.
at ego misera maritum habeo primum patre meo seniorem, dein cucurbita
10   calviorem et puero pusilliorem, qui cunctam domum seris et catenis
clausam custodit.'

12-13     *articulari . . . recolentem* 'bent double with rheumatism and because of this very rarely
            making love to me'     *articularis -e* = of the joints.
14        *patienti animo* 'with a long-suffering spirit'.
15        *illapsam indignae* 'which has come to a woman who does not deserve it'.
16        *recordare* imperative of *recordari*     *de* 'out of, from'.
17-18     *efflari exsibilarique* 'to be blown away and whistled out on the wind'.

20        *alii* is in the dative and agrees with *cuiquam*.

21        *Lares* 'homes'.

25        *insontem* 'innocent'.

28        *lupulae* 'she-wolves, hags'.
29        *explores* 'try to have a look at'     *lamiae* 'witches'.

32        *gestat* 'is carrying'.
33        *sin profanaveris* 'but if you give them away': note *sin* = but if.

35        *materni nominis dignitate* 'in the honour of being called a mother'.
36        *crescentes . . . exeuntes* The days of Psyche's pregnancy are growing as the babe grows in
            her womb, and the months are passing towards the time of its birth.

respondet altera: 'ego vero maritum articulari etiam morbo curvatum
et propter hoc rarissime Venerem meam recolentem sustineo. et tu
quidem, soror, videris patienti haec perferre animo; ego tamen non
15 possum sustinere diutius tam beatam fortunam illapsam indignae.
recordare enim quam superbe nobiscum egerit deque tantis divitiis
quam pauca nobis proiecerit quamque confestim propelli et efflari
exsibilarique nos iusserit. nec sum mulier nec omnino spiro nisi eam
de tantis opibus deiecero. iamque ista nec parentibus nostris neque
20 cuiquam monstremus alii. et nunc quidem concedamus ad maritos et
Lares pauperes nostros, et re diu cogitata firmiores redeamus ut
superbiam eius puniamus.'
    placet duabus malis malum consilium, totisque illis tam pretiosis
muneribus absconditis domus suas contendunt, dolum scelestum
25 struentes contra sororem insontem.
    interea Psychen maritus ille quem nescit rursus illis nocturnis
sermonibus sic monet: 'videsne quantum tibi periculum adsit? perfidae
lupulae nefarias insidias tibi comparant, ut tibi suadeant ut meos
explores vultus. ergo si posthac pessimae illae lamiae venerint—
30 venient autem, scio—noli omnino sermonem conferre et, si id tolerare
non potueris, certe de marito noli quicquam vel audire vel respondere.
nam et familiam nostram iam augebimus et hic uterus gestat infantem
qui, si texeris nostra secreta silentio, divinus erit, sin profanaveris,
mortalis.'
35 nuntio Psyche laeta erat et materni nominis dignitate gaudebat.
crescentes dies et menses exeuntes anxia numerat.

1 For what reasons is the first sister jealous of Psyche? How does the second sister
   echo the feelings of the first, and what does she add?
2 Describe the husbands of each sister.
3 How far do lines 16–18 (*recordare . . . iusserit*) give a fair picture of what actually
   happened?
4 What do the sisters plan to do?
5 *placet . . . consilium* (1.23): comment on the word-order; i.e. what is unusual about
   the order and what is the purpose in using this order?
6 *muneribus absconditis* (1.24): why should they do this?
7 What will be the consequence, according to her husband, if Psyche is persuaded to
   try to see his face?
8 How does Psyche feel about becoming a mother?

1     *pestes illae taeterrimae* 'those most foul plague-spots'    *navigabant* we learn for the first time that the sisters lived overseas.

2     *dies ultimus* 'the day of the final crisis', literally 'the last day'.

3     *sanguis inimicus* 'your sisters, who are your enemy'    *sanguis* = (literally) blood and so 'kin'. These words launch a series of military metaphors which suggest the cruelly efficient purposes of the sisters.

4     *iugulum* 'throat'.

6     *parvulum* 'little child', i.e. the baby in her womb, a pitying diminutive of *parvus.*

7     *in morem Sirenum* 'like Sirens', mythical birds with girls' faces, who, with their enchanted singing, lured sailors onto the rocks only to kill them.

8     *prominentes* 'leaning out from'    *personabunt* 'will make resound'.

9     *iamdudum* 'for a long time now'.

11     *ut fungatur obsequio* 'to carry out his duty': *fungi* = to perform takes the ablative case. *redde* supply *mihi.*

13     *decantatus* 'beguiled'.

### sanguis inimicus arma sumpsit

# Chapter 6

## *The sisters prepare for battle*

Sed iam pestes illae taeterrimae festinantes impia celeritate navigabant.
tunc sic iterum maritus suam Psychen admonet: 'dies ultimus
adest. sanguis inimicus iam arma sumpsit et castra commovit et aciem
direxit; iam gladio destricto iugulum tuum nefariae tuae sorores
5   petunt. heu! quantis urgemur cladibus, Psyche dulcissima! domum,
maritum, teque et istum parvulum nostrum imminenti ruina libera, nec
illas scelestas feminas vel videas vel audias, cum in morem Sirenum
scopulo prominentes funestis vocibus saxa personabunt.'

    respondet Psyche lacrimans: 'iamdudum fidem atque silentium meum
10  novisti nec iam mihi deerit firmitas animi. tu modo Zephyro nostro
impera ut fungatur obsequio. cum te videre non liceat, redde saltem
conspectum sororum et Psyches tuae animum gaudio recrea.' his verbis
et amplexibus mollibus decantatus, maritus se facturum promisit atque
iam luce appropinquante de manibus uxoris evanuit.

**immanis serpens**
**te devorabit**
(see p. 33)

15    *rectā* 'straight' (*viā* understood).
16    *venti . . . praesentiam* 'waiting for the arrival of the wind which would carry them'
          *oppertae* from *opperior* = I await.
17    *in altum* 'into the chasm'.
19    *praedam suam* i.e. Psyche.
20    *adulatae sunt* 'flattered'    *non . . . es* 'you're not the little thing you were'.
          *pridem* = formerly


23    *responderit* 'resembles, matches'.



26-27    *citharam loqui* 'the lyre to sound'    *psallere* = to play    *psallitur* and *cantatur* are
          impersonal passives. Translate as actives: 'it plays' and 'they sing'.    *nullo praesente*
          'with nobody present'.
29–30    *sciscitari* 'to inquire'    *ei esset* literally 'there was to her', i.e. 'she had'    *unde natus*
          *esset* 'from what family he came'.


31    *de provincia proxima esse* 'was from the neighbouring province'.
32    *medium . . . ageret* 'was middle-aged'    *canities* 'grey hairs'.
33    *ventoso vehiculo* 'to their wind-powered vehicle'.



36    *fatuae illius* 'of that silly creature'.
37–38    *modo barbam instruentem* 'just sprouting a beard'.
38    *media aetate* descriptive ablative.
39    *scito* imperative of *scio*.



42    *quod absit* 'heaven forbid'; literally 'may this be absent' (i.e. not happen)    *laqueo* 'in a
          noose'.
44    *quo . . . fallamus* The relative with the subjunctive here expresses purpose: 'by which we
          may deceive . . .'.

15       sorores autem, ne parentibus quidem visis, recta de navibus scopulum
illum petunt nec venti ferentis oppertae praesentiam, summa temeritate
prosiliunt in altum. nec immemor Zephyrus regalis imperii susceptas
eas solo reddidit. at illae nihil moratae, cum primum domum
intravissent, complexae praedam suam sorores, fraudem vultu laeto
20    tegentes, sic adulatae sunt: 'Psyche, non ita ut pridem parvula es,
et ipsa mox mater eris. quam beatae erimus cum infantem illum
crescentem videbimus! qui si parentum, ut oportet, pulchritudini
responderit, novus Cupido nascetur.'
       sic amore simulato paulatim sororis invadunt animum. statim eis
25    via defessis imperat ut corpora curent; deinde, cum in triclinium eas
duxisset, miris dapibus delectavit. iubet citharam loqui: psallitur;
choros canere: cantatur. quae omnia nullo praesente dulcissimis sonis
animos audientium mulcebant. nec tamen scelestarum feminarum nequitia
conquievit, sed sciscitari coeperunt qualis ei esset maritus et unde
30    natus esset. tunc illa prioris sermonis oblita novum mendacium instruit
et dicit maritum suum de provincia proxima esse, mercatorem qui iam
medium cursum aetatis ageret, sparsus rara canitie. nec in sermone
isto morata rursus opimis muneribus eas oneratas ventoso vehiculo
reddidit.
35       sed cum Zephyri tranquillo spiritu levatae domum redirent, sic
secum colloquebantur: 'quid, soror, dicimus de tanto fatuae illius
mendacio? tunc dixit maritum esse adulescentem modo barbam instruentem, nunc virum media aetate, canitie candidum. quis est ille qui tam
repente consenuit? certe scito, mi soror, vel mendacium istam pessimam
40    feminam dicere vel formam sui mariti nescire. quod si viri sui faciem
ignorat, deo profecto nupsit et deum utero gerit. certe si divini
pueri—quod absit—haec mater facta erit, statim me laqueo suspendam.
ergo interim ad parentes nostros redeamus, et consilium capiamus
quo sororem nostram fallamus.'

1    How does Psyche's husband try to impress on her the seriousness of the crisis?
     Explain what is meant by saying that the language of this passage is highly emotive.
2    How does Psyche persuade her husband to let her see her sisters again?
3    How can you tell that the sisters were in a great hurry to see Psyche once more?
4    The sisters' words to Psyche (ll. 20–23) are hypocritical; explain what this means.
5    *novus Cupido nascetur* (1.23); if you have guessed who Psyche's husband is, you
     will know that these words are ironical; explain what this means.
6    Why did Psyche make up a new lie and what was it?
7    At the end of this chapter the sisters show that they are more jealous than ever;
     why? In which words does their jealousy come across most strongly?

1          *vigiliis* 'in wakefulness'.
2-3        *pressura palpebrarum* 'by pressing their eyelids'.
4          *cruciamur    cruciare* = 'to torment.
5          *pro vero comperimus* 'we have discovered as a fact'.

6          *sortis Pythicae* 'Apollo's oracle': the priestess who delivered the oracle was called the Pythia.
7          *trucis* 'savage'.
9          *pastu* 'feeding'.

10         *saginaturum esse    saginare* = to fatten, cram    *pepereris* 'you have given birth'.
11         *devoraturum    devorare* = to swallow down.
12         *declinata    declinare* = to avoid, shun    *secura periculi* 'free from danger'.
13         *visceribus    viscera, n.pl.* = inwards, guts.
14         *vocalis* 'talking' Psyche's only daytime companions are, of course, the voices that attend
           upon her.    *venenati* 'poisonous'.
15         *piae* a forceful word: *pietas* was a key quality for the Romans, referring to one's duty to
           the gods, one's country and one's family. The wicked sisters are violating sacred ties
           and their use of this word is highly ironical.
17         *monitionum* 'warnings'.

23-24      *viam quae sola* 'the only way that'.
24-25      *novaculam acutam* 'a sharp razor'    *lucernam* 'lamp'.
26         *oleo* 'with oil'    *subde aliquo tegmine* 'put under some covering': the ablative is dependent
           on 'sub' in the verb.

31         *homo* means 'a human being': i.e. it can refer to both man and woman.
33         *quid mali* 'any harm', literally 'anything of harm': *mali* is a partitive genitive.

1     **How do the sisters bring tears to their eyes?**
2     **What, according to them, is Psyche's husband? How do they make their story sound
      convincing?**
3     ***hoc ergo . . . fecerimus* (ll. 11–15): show how in these lines the sisters try (a) to
      frighten Psyche (b) to make themselves appear to be acting from the highest motives
      (c) to make Psyche's behaviour seem rather disreputable (note the emotive language).**
4     **How does Psyche react to this speech? What does her reaction show about her
      character?**
5     **Outline the plan of action the sisters recommend to Psyche.**
6     **Why do the sisters leave in a hurry?**

# Chapter 7

## *Psyche panics*

Sic inflammatae, nocte vigiliis peracta, mane ad scopulum pervolant
et inde solito venti auxilio vehementer devolant, lacrimisque pressura
palpebrarum coactis hoc dolo puellam appellant: 'tu quidem felix et
ipsa ignara sedes periculi tui: nos autem misere cruciamur ne cladem
5 accipias. nam pro vero comperimus immanem serpentem, veneno noxio
plenum, tecum noctibus clam dormire. nunc recordare sortis Pythicae,
quae te trucis bestiae nuptiis destinatam esse clamavit. et multi
coloni eique qui circa venantur viderunt eum serpentem vespere
redeuntem e pastu. omnes affirmant non diu eum dulcibus dapibus te
10 saginaturum esse sed, cum primum pepereris, et te et infantem
devoraturum. hoc ergo te decernere oportet, utrum sororibus parere
velis et declinata morte nobiscum secura periculi vivere, an
saevissimae bestiae sepeliri visceribus. quod si te ruris huius
vocalis solitudo vel venenati serpentis amplexus delectant, certe
15 piae sorores officium nostrum fecerimus.'

    tunc Psyche misella rapitur verborum tam tristium formidine;
omnium mariti monitionum suorumque promissorum memoriam effudit
tremensque sic illis ait: 'vos quidem, carissimae sorores, in officio vestrae
pietatis permanetis; et ego valde timeo ne verum sit quod dicitis.
20 neque enim unquam viri mei vidi faciem vobisque, quae eum bestiam
esse aliquam dicitis, consentio. itaque si quam opem periclitanti
sorori vestrae potestis afferre, iam nunc succurrite.'

    tunc nefariae mulieres puellae cogitationes invadunt: 'viam quae
sola ducit ad salutem diu cogitatam monstrabimus tibi. novaculam
25 acutam in ea parte tori qua cubare soles clam absconde lucernamque
completam oleo et claro lumine micantem subde aliquo tegmine, et,
cum maritus cubile conscenderit iamque somno oppressus alte dormire
coeperit, tu toro delapsa, cum lucernam prompseris, telo illo
audacter sublato, ictu valido noxii serpentis caput abscinde. nec
30 nostrum tibi deerit auxilium sed anxiae te exspectabimus cunctisque
istis thesauris tecum relatis, nuptiis hominem te iungemus homini.'

    cum tali verborum incendio inflammavissent animum sororis, statim
deseruerunt metuentes ne quid mali ipsae acciperent, et, cum primum
naves conscendissent, abierunt.

1    *sicut aestus pelagi* 'like the tide of the sea'    *fluctuat* 'wavers'.
2    *titubat* 'falters'.
3    *apparatum* 'apparatus, equipment'.
4    *Veneris proeliis velitatus* literally 'having skirmished in the battles of Venus', i.e. 'having made
      love to Psyche'    *soporem* 'sleep'.
5    *incepto mansisset* 'had remained firm in her purpose'.
6    *claruissent* 'had been lit up'.
7    *omnium . . . bestiam* Notice the juxtaposition of *ferarum,* 'wild beasts', and *mitissimam,*
      'most gentle'. Cupid has two aspects to his character: the wild boy "qui committit
      tanta flagitia" (Chapter 1), who plays havoc with the hearts of men and gods; and the
      gentle and passionate lover of Psyche. As the light from the lamp shines on him, he is
      for the first time named as Psyche's husband.
8    *cubantem* sleeping.

**vidit ipsum illum Cupidinem cubantem**

# Chapter 8

*Murder miscarries*

At Psyche relicta sola sicut aestus pelagi fluctuat et, quamquam
consilium statuerat, adhuc titubat. vespere tamen iam ineunte nefarii
sceleris instruit apparatum. nox aderat, et maritus aderat priusque
Veneris proeliis velitatus in altum soporem descenderat. tunc Psyche
prolata lucerna arripit novaculam et, si incepto mansisset, scelus
audacissimum perfecisset. sed cum primum tori secreta claruissent,
vidit omnium ferarum mitissimam dulcissimamque bestiam, ipsum illum
Cupidinem cubantem. et Psyche tanto aspectu perterrita residit et

10      *saepius* 'again and again', the comparative of *saepe*.
11      *animi* 'in her spirit' (locative case; compare *domi* = at home).
12      *pharetra* 'quiver'.
14      *extremam . . . pepugit* 'testing the sharpness of the point, she pricked her thumb'; the prick
        of Cupid's arrow, even in the thumb, has devastating effects.

15      *Amoris amorem* Notice the play on words here and in the next sentence (a 'conceit'; cf.
        Shakespeare's 'since first your eye I eyed').
16      *suaviabatur* 'she kissed'.
17      *perfidia . . . invidia* ablative expressing cause. The lamp is personified: it is either treacherous
        or jealous.
17-18   *evomuit . . . olei* 'spluttered a drop of boiling oil'.

21      *sublime* 'on high'.

24      *cupressum* 'cypress': the gloomy cypress is associated with mourning.    *cacumine cacumen
        -inis n.* = top.

27      *ut scilicet* The use of *scilicet* here shows that the *ut* clause is heavily ironical: e.g. 'and the
        only reward I get is that I seem . . .'.
29      *nefarii consilii* The genitive case depends on *poenas,* 'the penalty for . . .'.

30      *in altum* 'into the sky'.
31      *humi prostrata* 'lying on the ground' (cf. English 'prostrate').
33      *mitis fluvius* Like the lamp, the river is given human emotions: it is too gentle to let Psyche
        drown in it.

ferrum quaerit abscondere, sed in suo pectore; quod profecto fecisset,
10   nisi ferrum manibus temerariis delapsum esset. iamque dum saepius
divini vultus intuetur pulchritudinem, recreatur animi. ante lecti
pedes iacebant arcus et pharetra et sagittae. quas dum Psyche spectat
et mariti sui miratur arma, depromit unam de pharetra sagittam et
extremam aciem experiens pollicem pupugit. sic ignara Psyche in
15   Amoris incidit amorem. tunc magis magisque cupidine flagrans
Cupidinis, iterum atque iterum dormientem suaviabatur.
      sed lucerna illa, sive perfidia sive invidia, evomuit stillam
ferventis olei super humerum dei dexterum. sic adustus exsiluit deus
visaque statim perfidia tanta ex osculis et manibus infelicissimae
20   coniugis tacitus avolavit. at Psyche surgentis eius crus dexterum
manibus arripuit et sublime evecta, nisi fessa delapsa esset in solum,
per nubes sublata esset.
      nec deus amator humi iacentem deseruit sed involavit ad proximam
cupressum deque eius alto cacumine sic eam graviter commotus adfatur:
25   'ego quidem, simplicissima Psyche, parentis meae Veneris praeceptorum
immemor, ipse potius amator advolavi tibi. sed te coniugem meam
feci ut bestia scilicet tibi viderer et ferro caput excideres meum.
haec te semper monebam. sed illae quidem sorores egregiae tuae
nefarii consilii dabunt mihi poenas: te vero tantum fuga mea
30   punivero.' et haec locutus pinnis in altum se proripuit.
      Psyche vero humi prostrata quantum videre poterat volantem maritum
prospicit. sed cum ex oculis evanuisset, in proximum flumen se
praecipitavit. sed mitis fluvius statim eam super ripam florentem
herbis exposuit.

1    Why is there a conflict of emotions in Psyche's heart?
2    What happens to make Psyche fall violently in love with Cupid when she has at last
      seen him?
3    Why does Cupid wake up? *adustus* (l.18): what is ironical in this happening to
      Cupid?
4    What is the tone of the words Cupid addresses to Psyche from the top of the cypress
      tree (ll. 25–30), i.e. do they convey anger, indignation, reproach, sympathy, or a
      mixture of some or all of these feelings?
5    Psyche makes two attempts at suicide in this chapter; what are they, and why does
      each fail?
6    Trace the series of emotions which Psyche undergoes in the course of this chapter.

6          *nomine* 'under the name of'.

8          *leni quiete sopitum* 'slumbering in untroubled sleep'.

9-10       *lucerna ... evomuit* 'the lamp spluttered boiling oil'.

13         *farreatis nuptiis* by this is meant the most ancient and solemn form of Roman marriage,
           from which no divorce was normally possible (*confarreatio*); its name comes from
           the ceremony in which the bride and bridegroom shared a cake of *far*–the earliest
           form of grain eaten by the Romans.

15         *necdum* 'and not yet'     *illa* indicates a change of subject–'her sister'.

15-16      *vesanae ... agitata* 'driven by the sting of raging lust'.

19         *saltu* 'with a jump'     *vel* 'even'.

20         *cautium* 'of the rough crags'.

21         *errabundo* 'wandering'.

25         *dum ... circumibat  dum* + imperfect = all the time that     *quaerendi causa* 'to search for ...',
           literally 'by reason of searching for ...'.

26         *vulnere lucernae* 'the wound inflicted by the lamp'.

27         *gavia* 'sea-gull'     *demergit sese* 'dived down'.

28-29      *dubium salutis* 'seriously ill', literally 'doubtful of his safety, health'.

30         *male audire* 'was being ill spoken of'     *ad scortandum* 'to chase girls'.

31         *successit* 'has retired'.

32         *lepos -oris m.* = charm. Venus and Cupid are neglecting their duty; when they are away, the
           world is grim, without love, pleasure or charm.

34-35      The Nymphs were the spirits of rivers, trees etc.; the nine Muses presided over the arts; the
           Graces personified charm, grace and beauty. Any of these ladies, all of them daughters
           of Jupiter, would be suitable girl friends for Cupid.     *ministerio* 'attendant body'.

37         *efflicte* 'to distraction'.

38         *indignata* 'outraged'     *emergit* 'rises'.

39-40      *inde ... clamans* 'shouting as loudly as possible from the doorway' There is nothing muted
           about the anger of Venus.     *honesta haec* (n.pl.) 'these (are) fine (antics)'.

41         *calcares* 'you trample underfoot'.

41-42      *hac aetate puer* 'a boy of your age'

# Chapter 9

## *Exeunt the sisters; re-enter Venus*

Psyche igitur pergit ad maritum quaerendum. sed cum diu errando
confecta esset, iam accessit ad quandam civitatem in qua regnum maritus
unius sororis eius obtinebat. qua re cognita Psyche nuntium ad sororem
misit se adesse. mox inducta, cum soror quaereret cur advenisset, sic
5    incipit: 'meministi consilium vestrum quo mihi suasistis ut bestiam
quae mariti nomine mecum dormiebat novacula perimerem?
sed cum primum vultus eius aspexissem, vidi mirum divinumque
spectaculum: ipsum illum Cupidinem leni quiete sopitum. ac dum tam
bonum spectaculum intueor, casu pessimo lucerna fervens oleum
10    evomuit in eius humerum. quo dolore statim somno excitatus, ubi
me ferro et igni conspexit armatam, "tu quidem" inquit "ob ib istud tam
dirum facinus confestim toro meo discede; ego vero sororem tuam iam
mihi confestim farreatis nuptiis coniungam." et statim Zephyro
praecipit ut ultra terminos domus flando me ferret.'
15        necdum sermonem Psyche finierat: illa vesanae libidinis stimulis
agitata statim navem ascendit ad Cupidinem visendum. ad illum scopulum
protinus pergit et quamquam alius flabat ventus, 'accipe me,' clamavit
'Cupido, dignam te coniugem, et tu, Zephyre, suscipe dominam.' et
saltu se maximo praecipitavit. nec tamen ad illum locum vel mortua
20    pervenire potuit. nam per saxa cautium membris iactatis et laceratis,
avibus bestiisque praeda facta interiit. at Psyche rursus errabundo
gradu pervenit ad aliam civitatem, in qua soror morabatur altera.
eodem modo et ipsa decepta festinavit ad scopulum inque similem
mortem cecidit.
25        interim dum Psyche Cupidinem quaerendi causa populos circumibat,
ille vulnere lucernae dolens in ipso thalamo matris iacebat. tunc avis
alba, illa gavia, demergit sese ad Oceanum. ibi Venerem lavantem
natantemque invenit et nuntiat adustum esse filium eius et dubium
salutis iacere: iamque per cunctorum ora populorum omnem Veneris
30    familiam male audire; 'nam ille quidem ad scortandum in montes
successit, tu vero ad natandum in mare. ac propter hoc non voluptas
est ulla, non gratia, non lepos.' at Venus irata exclamat repente:
'ergo iam ille bonus filius meus habet amicam aliquam! dic mihi nomen
eius quae puerum tam tenerum sollicitavit, sive illa de Nympharum
35    populo est sive de Musarum choro sive de mearum Gratiarum ministerio.'
nec loquax illa conticuit avis sed 'nescio,' inquit 'domina. puto illum
puellam—si recte memini, Psyches nomine dicitur—efflicte cupere.'
      tunc indignata Venus propere emergit e mari suumque protinus
aureum thalamum petit et reperto aegro puero iam inde a foribus
40    quam maxime clamans, 'honesta' inquit 'haec et natalibus nostris
digna, ut non solum tuae parentis praecepta calcares sed etiam hac

42    *licenter* 'licentiously, impudently'.
43    *lusus* is the genitive after *paeniteat*.
44    *sese* emphatic form of *se*.

**Venus ad natandum
in mare successit**

aetate puer inimicam meam licenter amplectereris! sed iam faciam ut
te lusus huius paeniteat et sentias amaras esse istas nuptias.'
     sic locuta foras sese proripit infesta et Psychen misellam persequi
45  properat.

1     Explain the ruse by which Psyche takes vengeance on her sisters. Has she learnt any-
      thing about human nature? How has this lesson affected her character?
2     What do you consider is the tone of lines 15–24?
3     How does Venus find out about her son's activities? How is the sea-gull characterized?
4     Write a character sketch of Venus based on the evidence of this chapter? (Is she
      portrayed as a goddess?)
5     What does Venus intend to do at the end of this chapter?

      The bay near Paphos in Cyprus where Venus first landed from the sea

1        *variis iactabatur discursibus* 'wandered frantically this way and that'.

3        *quo dirigam* 'where am I to direct?' *dirigam* is probably deliberative subjunctive rather than
          future indicative; so also *effugiam* (l.4) and *reperiam* (l.7).

4        *inevitabiles* 'that cannot be avoided, inescapable'    *masculus* (adj.) 'a man's'.

5        *ultro* 'of my own accord'.

6        *sera modestia* 'by behaving humbly, even if rather late in the day'    *an* 'whether'.

7        *diu quaero* The use of *diu* shows that the verb refers to the past as well as the present: 'I
          have been seeking for a long time (and still am) . . .'.

9        Venus's servant speaks as if Psyche were a runaway salve; Venus's own words and behaviour
          are those of the jealous beauty. The whole passage has its effect through the contrast
          between the realism here and the romantic and magical atmosphere of what surrounds
          it. There is an element of surprise in this, because Psyche, a human, moves in a world
          of mystery and the supernatural, while Venus, a goddess, is painted in terms of real
          human life (e.g. she doesn't want to be called a grandmother at her age).    *fores*
          'door'.

11       *bene quod* 'it's a good thing that . . .'.

12       *datura scilicet* 'because you're going to pay, you may be sure, . . .'    *tantae contumaciae*
          'for such arrogance'.

13       *renitentem* 'resisting': *renitor* is a compound of *nitor* = I make an effort, strive.

14       *cachinnum* 'cackle of laughter'.

15       *dignata es*    *dignari* = to deign, condescend    *socrum* 'mother in law'.

16       *esto* 'be' (an old imperative form from *esse*).

17       *nurum* 'daughter in law'.

18       *Sollicitudo* 'Care'.

19       *torquendam* 'to be tortured' (gerundive)    *flagellis* 'with whips'.


22       *miserationem* 'pity'.

23       *avia* 'grandmother'.

24       *discindit* 'tears'.

25       *hordeo* 'barley'    *milio* 'millet'    *papavere* 'poppyseed'    *lente* 'lentils'    *faba* 'beans'.

27       *singulisque . . . dispositis* 'arranging the individual grains in proper order' (i.e. in the right
          heaps).

28       *nuptialem* (adj.) 'marriage'.


30       *immanitate* 'by the enormity, vastness'    *silens obstupescit* 'was stunned into silence'.

31       *formica* 'ant'    *ruricola* 'living in the country': the ant is a country gentleman. Like the
          garrulous sea-gull from the previous chapter, he is vividly personified.

32       *naviter* 'busily'    *accolas* 'neighbouring'.

34       *sepedum* 'of the six-footed . . .'.

35       *granatim digerunt* 'they sort out grain by grain'    *separatim* 'separately'.


37       *madens* 'soaked'.

39       *tuo . . . malo* 'to your own harm,—yes, and his as well'    *frusto* 'hunk'.


40       *cubitum* supine of *cubare*, expressing purpose after a verb of motion, 'to bed'.

# Chapter 10

*Venus takes revenge*

Interea Psyche variis iactabatur discursibus, dies noctesque maritum
investigans anxio animo. tandem tota spe salutis deposita sic ipsa
sibi loquitur: 'quo vestigium dirigam? quibus tectis vel tenebris
abscondita magnae Veneris inevitabiles oculos effugiam? masculus
5 tandem sumendus est animus; ultro ad dominam meam redeundum est et
sera modestia saevi impetus eius sunt mitigandi. quis scit an eum
quem diu quaero illic in domo matris reperiam?' sic ad certum exitium
se parat et pergit ad domum Veneris ire.

iamque ad fores dominae accedenti occurrit una de familia Veneris
10 statimque quantum maxime potuit exclamat: 'tandem, ancilla nequissima,
dominam habere te scire coepisti? sed bene quod in meas manus
incidisti, datura scilicet tantae contumaciae poenas.' et in capillos
eius immissa manu trahebat eam nequiquam renitentem.

quam ubi primum conspexit Venus, laetissimum cachinnum extollit
15 et 'tandem' inquit 'dignata es socrum tuam salutare? an potius ad
maritum visendum venisti qui tuo vulnere periclitatur? sed esto
secura; iam enim excipiam te ut bonam nurum decet.' et 'ubi sunt'
inquit 'Sollicitudo atque Tristitia, ancillae meae?' quibus vocatis
torquendam tradidit eam. at illae Psychen misellam flagellis caesam
20 iterum dominae reddunt.

tunc rursus sublato risu Venus 'et ecce,' inquit 'quod infantem
utero gerit, sperat se miserationem meam commoturam esse! felix ego,
quae in ipso aetatis meae flore vocabor avia!'

his editis involat in eam vestemque dilacerat capillosque discindit.
25 et accepto frumento et hordeo et milio et papavere et lente et faba
commixtisque in unum cumulum sic inquit: 'discerne seminum istorum
cumulum singulisque granis rite dispositis ante vesperem opus confice
mihi.' sic monstrato tot seminum cumulo ipsa ad cenam nuptialem
visendam concessit.

30 at Psyche immanitate praecepti perterrita silens obstupescit.
tunc formica parvula atque ruricola Psyches adeo miserita est ut
discurrens naviter convocaret cunctas formicas accolas. 'miseremini,'
inquit 'amicae, miseremini, et Amoris uxori periclitanti succurrite.'
ruunt aliae super alias sepedum populorum undae et tanto studio
35 granatim totum digerunt acervum ut mox separatim distribuerint genera
atque e conspectu confestim abeunt.

sed nocte ineunte e cena nuptiali vino madens Venus rediit visaque
diligentia miri laboris 'non tuum,' inquit 'nequissima, istud est opus
sed amatoris tui, cui tuo, immo et ipsius, malo placuisti.' et frusto
40 panis ei obiecto cubitum concessit.

41–42    *interioris domus* 'in the inner part of the house'    *gravaret* 'he might make more serious'
          *cum sua cupita* 'with his loved one'.
43        *distentis* 'kept apart'    *taetra* 'horrible', 'grim'.

**dea quam caerulum profundum maris peperit (see p. 11)**

interim Cupido solus interioris domus cubiculo clausus coercebatur,
partim ne vulnus gravaret, partim ne cum sua cupita conveniret. sic
ergo distentis et sub uno tecto separatis amatoribus taetra nox
transiit.

1    Why does Psyche decide to give herself up?
2    Whom does she meet as she approaches Venus's house and what sort of reception
     does she get?
3    Discuss the tone of Venus's speeches in the third and fourth paragraphs.
4    What task does Venus set Psyche and how is it achieved?
5    How does Venus think it has been achieved?
6    How are the ants characterized? How far does this characterization fit the behaviour
     of real ants? What is the effect of the alliteration and assonance in lines 34–36?
7    The last paragraph implies something about Cupid's feelings which is not explicitly
     stated; what is this implication and how is it conveyed?

| 1 | *subridens amarum* 'smiling bitterly'. |
|---|---|
| 2 | *verticem* 'top'   *fuscae* 'dark'. |
| 3 | *Stygias irrigant paludes* 'feed (irrigate) the marshes of the Styx' The mountain must have been Mount Chelmos in Arcadia from which the Styx plunges 600 feet down a black rock before becoming one of the nine rivers of the Underworld. The waters which Psyche has to collect are being given most sinister associations. |
| 5 | *crystallinam urnulam* 'a crystal urn'. |
| 8 | *letalem* 'deadly'   *faucibus* 'jaws'. |
| 9 | *evomebat* 'spewed forth'. |
| 10 | *cautibus cavatis proserpunt* 'crawl forth from hollow cliffs'   *dracones* 'serpents'. |
| 11 | *vocales* 'speaking': the voices of the water hiss out their warning with alliterative '*s*'s. |
| 12 | *subinde* 'repeatedly'. |
| 14 | *ob* 'in front of'. |
| 15 | *simplex* 'simple, silly'. |
| 15-16 | *vel unam . . . contingere* 'that you can steal one drop or touch (the waters) at all'. |
| 17 | *formidabiles* 'terrible' In Homer's poems the Gods swear by the waters of the Styx. *cedo* 'give me' (an old imperative form; compare *esto* = be, *scito* = know). |
| 18-19 | *pinnis libratis* 'poised on his wings', literally 'his wings balanced'   *dentes* 'teeth, fangs'. |
| 22 | *vel tunc propitiare* 'even then to appease'. |
| 23 | *maga* 'a witch'. |
| 25 | *mea pupula* 'my poppet', here used as a sarcastic term of endearment   *pyxidem* 'box' (a small box for holding scented ointments used as a beauty preparation). |
| 27 | Proserpina, the daughter of Ceres, the goddess of fertility, was snatched down to the Underworld by its ruler, Dis. Now she stays there as queen for three (alternatively, six) months of every year.   *modicum de* 'a little of'. |
| 28 | *inde delitae* 'when I've smeared it on', literally 'having been smeared from it (*inde*)' Venus wants to look her best at this meeting of the gods. |
| 32 | *recta* 'directly'. |
| 34 | *ausculta* 'give ear to me': *auscultare* is an archaic (old-fashioned) word, suited to the tower's rather pretentious prophecy. The language in this passage is highly poetic and the description is drawn from several poetic sources, especially from Virgil, *Aeneid* vi, where Aeneas goes down to the Underworld to visit his dead father. |
| 34-36 | Achaia refers to the whole of Greece; Lacedaemo is Sparta; Taenarus, -i, *f.*, was the southernmost promontory of Greece.   *deviis* 'out of the way, lonely'   *spiraculum Ditis . . . portas inhiantes* 'the breathing hole of Dis . . . the gaping gates': 'the breathing hole' is a cave mouth which allowed air to penetrate to the lower world and was an entrance to it. There was another cave at Cumae in Italy which was supposed to lead down to the Underworld; this one, through which Aeneas descended, has recently been explored and leads to an underground river, the Styx, the *flumen mortuum* of l.41 (see Paget, *In the Footsteps of Orpheus,* Robert Hall, 1967). |
| 37 | *iter invium* 'a way in which there is no clear path'   Orcus is another name for the god of the Underworld. |
| 38 | *vacuae* 'empty-handed'. |
| 39 | *offae . . . concretae* 'cakes (*offae*) of barley mixed with mead': when Aeneas goes down to the Underworld, he is guided by Apollo's prophetess; she takes an *offa* of drugged corn and honey which she throws to Cerberus; Cerberus gobbles it up and at once collapses in a drugged sleep (*Aeneid*, vi, 417–23). |
| 40 | *stipes* 'small coins, pennies': corpses were buried with a coin in their mouth so that they could pay for their crossing over the Styx. Psyche needs two coins since she wishes to re-cross the river on her way back. |
| 41-42 | *expetit portorium* 'asks for the fare' For the picture of Charon as a filthy old ferryman with a leaking boat, cf. *Aeneid,* vi, 298ff.; Virgil's Charon is more terrifying: |

# Chapter 11

*Psyche's ordeals*

Sed prima luce vocata Psyche Venus subridens amarum sic inquit:
'videsne illum montis ardui verticem de quo fontis atri fuscae
defluunt undae, quae proxima valle inclusae Stygias irrigant paludes?
inde mihi de illo fonte aquam ista confestim defer urnula.' sic
5    locuta crystallinam urnulam ei tradidit.

    at Psyche gradum celerans montis extremum petit culmen, illic
inventura vitae pessimae finem. quo cum accessisset, vidit rei vastae
letalem difficultatem. nam saxum immane mediis e faucibus fontes
horridos evomebat, qui statim in proximam vallem incidebant. dextra
10   laevaque cautibus cavatis proserpunt saevi dracones. iamque et
ipsae se muniebant vocales aquae, nam et 'discede' et 'quid facis?
vide' et 'quid agis? cave' et 'fuge' et 'peribis' subinde clamant.
sic periculi mole superatam Psychen animus reliquit. at Iovis
regalis avis illa repente adfuit aquila et ob os puellae advolans
15   incipit: 'at tu, simplex, speras te sanctissimi fontis vel unam
stillam posse furari vel omnino contingere! dis etiam ipsique Iovi
formidabiles aquae istae Stygiae. sed cedo istam urnulam.' et
protinus arripuit pinnisque inter dentes draconum dextra laevaque
saevientium libratis ad ipsas aquas involat repletamque urnulam ad
20   Psychen rettulit. sic illa accepta cum gaudio urnula ad Venerem
confestim rediit.

    nec tamen deam saevientem vel tunc propitiare potuit. nam sic
eam maiora atque peiora comminans appellat: 'iam tu quidem maga
videris quaedam mihi quae talia praecepta mea peregisti. sed adhuc
25   istud, mea pupula, tibi conficiendum est. sume istam pyxidem' (et
dedit) 'protinusque ad inferos te dirige. tunc ferens pyxidem ad
Proserpinam, "petit a te Venus" dic "ut modicum de tua formositate
sibi mittas." sed celeriter redi, quia mihi necesse est inde delitae ad
theatrum deorum ire.'

30   tunc Psyche sensit ultimas suas fortunas adesse; nec cunctata
diutius pergit ad quandam turrim altissimam unde se praecipitaret; sic
enim rebatur ad inferos recta se posse descendere. sed turris
prorumpit in vocem subitam et 'quid te' inquit 'praecipitando,
o misella, quaeris exstinguere? mihi ausculta: Lacedaemo, Achaiae
35   nobilis civitas, non longe abest. hic deviis abditam locis quaere
Taenarum. ibi spiraculum Ditis et per portas inhiantes monstratur
iter invium. cum limen transieris, iam recta ibis ad ipsam Orci
regiam. sed non tibi vacuae per illas tenebras incedendum est, sed
offae polentae mulso concretae ambabus gerendae sunt manibus et in
40   ipso ore duo ferendae stipes. iamque confecta magna parte viae ad
flumen mortuum venies, cui praefectus est Charon; ille expetit

portitor has horrendus aquas et flumina servat/terribili squalore Charon . . . .

42    *sutili cumba* 'in his patched-up boat': cf. *Aeneid,* vi, 413–4 when Aeneas boards Charon's boat:

gemuit sub pondere cumba/sutilis et multam accepit rimosa paludem.
(the patched-up boat groaned under his weight and let in a lot of water through the cracks.)

45    *formidabilem* 'terrible'   *excubans* 'keeping guard'.

46    *vacuam Ditis domum* another Virgilian echo suggesting the vast desolation of the realm of Death; cf. *Aeneid,* vi, 268–9, in which Aeneas and his guide

ibant obscuri sola sub nocte per umbram
perque domos Ditis vacuas et inania regna.

48    *nuntiato* 'after announcing' (impersonal use of the ablative absolute).

49    *redime* 'buy off, avert'.

50    *recolens* 'retracing'.

51    *auras superas* 'the upper air', i.e. the air of this world as opposed to the underworld.

*hoc* looks forward to the clause *ne velis* . . . 'that you should not want . . .'.

53    *vaticinata est*   *vaticinari* = to prophesy.

### ad ipsam Proserpinam intrabis

portorium et sic ad ripam ulteriorem sutili cumba deducit mortuos.
huic squalido seni dabis de stipibus quas feres alteram. transito
fluvio canem videbis ingentem tribus capitibus praeditum, immanem et
45    formidabilem, qui ante ipsum limen Proserpinae semper excubans servat
vacuam Ditis domum. hunc una offa obiecta facile praeteribis atque ad
ipsam Proserpinam intrabis, quae te comiter excipiet et benigne.
deinde nuntiato quid adveneris acceptoque quod offeretur, rursus
rediens canis saevitiam offa reliqua redime, ac deinde, avaro nautae
50    data quam conservaveris stipe transitoque eius fluvio, recolens
priora vestigia ad auras superas redibis. sed inter omnia hoc tibi
observandum erit, ne velis aperire vel inspicere illam quam feres
pyxidem.' sic turris illa futura prospiciens vaticinata est.

1      Describe the sight Psyche sees when she reaches the top of the mountain. How is
       this ordeal more terrifying than the first? How successful is Apuleius in conveying
       an effect of menace?

2      How does she get the water for Venus?

3      The eagle is described as *regalis avis*; how do his words help to convey the impression
       of his kingliness?

4      How does Venus think that Psyche achieved this task?

5      What is the final task which Venus sets Psyche? Why is this the most formidable of
       all ordeals?

6      Why did Psyche go to the tower?

7      Imagine you have been sent on a journey to the Underworld. Describe your
       experiences.

8      What warning does the Tower give Psyche at the end of his prophecy? Judging from
       her behaviour earlier in the story, is she likely to heed this warning?

| | |
|---|---|
| 1 | *stipibus* 'pennies'. |
| 2 | *offulis* 'little cakes'   *infernum meatum* 'the path to the Underworld'. |
| 2–3 | *offulae ... rabie* 'calming the frightful fury of the dog by feeding it a little cake'; literally 'the frightful fury of the dog having been calmed by the food of a little cake'. |
| 4 | *Veneris pertulit legationem* 'she fulfilled the commission of Venus'. |
| 5 | *secreto* Proserpina fills the box 'in secret'. |
| 5-6 | *offa altera* 'by means of the other cake'. |
| 6 | *latratibus* 'the barking'. |
| 8 | *obsequium* 'her errand', literally 'obedience'   *curiositate* 'curiosity'. |
| 10 | *delibo* 'take'. |
| 11 | *cum dicto* 'with this saying', i.e. 'no sooner said than done'   *reserat* 'she opens'. |
| 12 | *vere Stygius* The waters of the Styx caused death. |
| 14 | *in ipso vestigio* 'where she stood', literally 'in her very tracks'   *immobilis* 'motionless'. |
| 15 | *cadaver* 'corpse'. |
| 16 | *revalescens* 'getting well again'. |
| 17 | *fenestram* 'window'. |
| 19 | *deterso* detergĕre = to wipe away   *curiose* 'carefully'. |
| 20 | *Psychen ... suscitat* 'he rouses Psyche with a harmless little prick from his arrow'. |
| 21 | *perieras* Psyche had nearly perished when her curiosity made her find out who her husband was. Now curiosity has again got the better of her and she would have perished unless Cupid had saved her; *perieras* expresses this as a fact–'you had perished'–to emphasize the point. |
| 22 | *provinciam* 'task'. |
| 22-23 | *exsequere naviter* 'fulfil conscientiously'   *videro* 'I shall see to'   *levis* agrees with Cupid but in English we should say 'lightly'. |
| 25 | *pernicibus* 'swift'   *caeli vertice* 'the heights of heaven'. |
| 26 | *suam causam probat* 'proves, makes good his case': the language is that of the law courts and Jupiter announces his decision in the language of a judge. |
| 27 | *domine fili* an oxymoron (the placing together of apparent contradictions, e.g. bitter-sweet)   *honorem* respect. |
| 27-28 | *quo ... disponuntur* 'by which the laws of the elements and the revolutions of the constellations are controlled'; there is a pointed contrast in this sentence between Jupiter the lord of the universe and Jupiter the slave of Cupid. |
| 29 | *crebrisque ... casibus* 'and you have defiled it with my frequent lapses into passions for earthlings'. |
| 30-31 | *gregalia pecua* 'common cattle'   *serenos ... reformando* 'by foully changing my fair appearance' Jupiter refers to the transformations he underwent in the conduct of his love affairs: he became a serpent to win Proserpina; he appeared to Aegina as a flame; he became a swan for Leda and a bull for Europa. |
| 33 | Mercury was the messenger of the gods. This passage is a parody of human institutions both in language and in content: the gods are made to model themselves on men. *Contio* means a public meeting, assembly. In Athens and elsewhere those who failed to attend meetings of the assembly were liable to a fine. This meeting is held in the Theatre of Heaven; meetings of the Roman senate and assemblies elsewhere were often held in theatres (e.g. Julius Caesar was murdered at a meeting of the senate held in the Theatre of Pompey). This parody is carried on when Jupiter announces his decision to legitimize the marriage of Cupid and Psyche (see below). |
| 34-35 | *in poenam ... conventum iri* 'he would be sued for 10,000 sesterces'; *convenire* can mean 'to sue'; *nummum* is genitive plural. |
| 36 | *dei ... albo* 'gods enrolled in the register of the Muses' Roman senators were addressed as 'patres conscripti', literally 'senators recorded in the register'. |
| 39 | *collata facie* 'looking at' literally 'his face moved to'. |
| 40 | *faxo* 'I shall make' (an old form of the future of *facio*, frequently found in legal Latin). |

# Chapter 12

*Happy ever after*

Nec morata Psyche pergit Taenarum sumptisque rite stipibus illis et
offulis infernum decurrit meatum; et stipe Charoni data et offulae
cibo sopita canis horrenda rabie, domum Proserpinae penetrat. atque
ante pedes eius residens humilis, Veneris pertulit legationem,
5    statimque secreto repletam conclusamque pyxidem suscipit; et offa
altera canis latratibus repressis reliquaque nautae reddita stipe,
multo celerius ab inferis recurrit. et repetita ista luce, quamquam
festinat obsequium finire, capitur temeraria curiositate et 'ecce'
inquit 'stulta ego quae, divinam formositatem gerens, ne minimum
10   quidem mihi delibo, quo illi amatori meo formoso magis placeam!'
et cum dicto reserat pyxidem. nec quicquam illic erat nec
formositas ulla, sed infernus somnus ac vere Stygius, qui statim
invadit eam crassaque soporis nebula cunctis eius membris infunditur
et in ipso vestigio collapsam possidet. et iacebat immobilis et
15   nihil aliud quam dormiens cadaver.

    sed Cupido iam revalescens nec diutius suae Psyches absentiam
tolerans, per altissimam cubiculi quo cohibebatur elapsus fenestram
refectisque pinnis aliquanta quiete, velocius volans ad Psychen
accurrit suam, detersoque somno curiose et rursus in pyxidem recondito,
20   Psychen innoxio punctulo sagittae suae suscitat, et 'ecce' inquit
'rursus perieras, misella, simili curiositate. sed interim tu
provinciam quae tibi matris meae praecepto mandata est exsequere
naviter: cetera egomet videro.' his dictis amator levis in pinnas se
dedit, Psyche vero confestim Veneri munus reportat Proserpinae.

25    interea Cupido alis pernicibus caeli penetrato vertice Iovi
supplicat suamque causam probat. tunc Iuppiter 'quamquam tu,' inquit
'domine fili, nunquam mihi servavisti honorem sed pectus meum, quo
leges elementorum et vices siderum disponuntur, convulneravisti
assiduis ictibus crebrisque terrenae libidinis foedavisti casibus
30   formamque meam laesisti, in serpentes, in ignes, in aves et gregalia
pecua serenos vultus meos sordide reformando, at tamen quod inter
manus meas crevisti, cuncta perficiam.'

    sic fatus iubet Mercurium deos omnes ad contionem protinus
convocare ac si quis coetui caelestium defuisset, in poenam decem
35   milium nummum conventum iri pronuntiare. quo metu statim completo
caelesti theatro Iuppiter sic enuntiat: 'dei conscripti Musarum albo,
adulescentem istum profecto scitis omnes. puellam elegit et
virginitate privavit: teneat, possideat, amplexus Psychen semper suis
amoribus perfruatur.' et ad Venerem collata facie 'nec tu,' inquit
40   'filia, tristis esto nec de mortali matrimonio metuas. iam faxo

41      *legitimas ... congruentes* 'legitimate and in accordance with civil law': a marriage between
            a citizen and a slave was not legitimate; thus Cupid (a god) can only marry Psyche
            (a mortal) legitimately if Psyche's status is changed; i.e. she must be made immortal.
43      ambrosia is the food of the gods.
44      *a tuo nexu* 'from the knot which binds him to you'.
46      *nec mora, cum* 'and there is no delay when', i.e. 'and at once'      *affluens* 'luxurious'
            *exhibetur* 'is held'.
48      *per ordinem* 'in order'.
49-51   Liber is another name for Bacchus, the god of wine. Vulcan was the blacksmith of the gods,
            but whether he would have been the ideal cook is a matter for conjecture. The Horae
            were the Seasons, goddesses who had control over the weather. Venus mentioned the
            Graces and Muses as possible girl friends of Cupid in Chapter 9.      *purpurabant omnia*
            'made everything bright'      *balsama* 'balsam', a sweet-smelling gum      *citharam*
            'lyre': Apollo was, among other things, the god of music.
52      *convenit in manum Cupidinis* 'becomes Cupid's wife': *manus* is a legal term expressing the
            power which the husband had over his wife. Roman law only gradually came to
            recognize the independent legal status of women.
53      *Psyche* is the Greek for 'soul';      *Cupid* is Latin for 'love'; from their union is born
            *Voluptas* = Pleasure. The story can be read as an allegory in which the human soul is
            educated by suffering until it is in the right relation with Love. Then true pleasure
            will be born.


**'rursus perieras, misella.'**

nuptias non impares sed legitimas et iure civili congruentes.' et
ilico per Mercurium arripi Psychen et in caelum perduci iubet.
porrecto ambrosiae poculo 'sume,' inquit 'Psyche, et immortalis esto.
neque unquam digredietur a tuo nexu Cupido sed istae vobis erunt
45 perpetuae nuptiae.'
    nec mora, cum cena nuptialis affluens exhibetur. accumbebat summo
toro maritus, Psychen gremio suo complexus; sic et cum sua Iunone
Iuppiter ac deinde per ordinem toti dei. tunc poculum nectaris, quod
vinum deorum est, Liber ministrabat, Vulcanus cenam coquebat, Horae
50 rosis et ceteris floribus purpurabant omnia, Gratiae spargebant
balsama, Musae quoque canebant, Apollo cantavit ad citharam, Venus
formosa saltavit. sic rite Psyche convenit in manum Cupidinis et
nascitur illis filia, quam Voluptatem nominamus.

1    **Why does Psyche open the box which Proserpina has given her?**
2    **What happens to her when she opens it?**
3    **How does Cupid escape? How does he revive Psyche?**
4    **How has Cupid treated Jupiter in the past? Why does Jupiter decide to help Cupid?**
5    **What does Jupiter think is Venus's main objection to the marriage? How does he meet this objection?**
6    **Is there any evidence on how Venus received Jupiter's decision?**
7    **Do you think that Psyche has learnt anything in the course of her sufferings? If so, what?**
8    **Discuss the picture of the gods which Apuleius gives in the story as a whole.**
9    **Discuss the view that the story of Cupid and Psyche should be interpreted as an allegory.**
10    **Show by examples how Apuleius varies his style in the course of the story. What is his purpose in doing this?**

**sic rite Psyche convenit in manum Cupidinis**

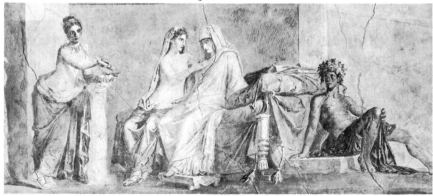

# Practice sentences and exercises in translation

## *Chapter 1*

### a Relative clauses

1  Rex qui in illa civitate habitat tres filias pulcherrimas habet.
2  Dea quam caerulum mare peperit inter homines conversatur.
3  Adsunt Nerei filiae quae chorum canunt.
4  Multi cives, quos rumor duxerat, formositatem eius admirabantur.
5  Venus, cuius animus vehementer incensus est, caput quassat.
6  Ego, quae dea sum, cum mortali puella honores partior.
7  Venus puerum suum, qui tanta flagitia committit, ad se vocat.
8  Nemo puellam cuius pulchritudo erat tam praeclara idonee celebrare poterat.
9  Puer, cui mater totam narraverat fabulam, Psychen spectabat.
10  Is qui templa Veneris deformat non diu gaudebit.
11  Ei quibus loquebamur puellam sicut deam venerati sunt.
12  Ei quibuscum per plateas ambulabamus ad templum Veneris nos perduxerunt.
13  Non sic gaudebit ista, quaecumque est.
14  Quicumque rumorem audiverant ad illam civitatem conveniebant.
15  Multi advenae ad civitatem in qua habitabat Psyche navigabant.

### b Commands and prohibitions

1  Totam mihi narra fabulam, amice.
2  Adeste, amici, fabulamque audite.
3  Veneri supplicate, cives; nolite sacra eius neglegere.
4  Parentes ad templum comitare, mi fili; noli domi morari.
5  Virgo ista amore teneatur hominis miserrimi.
6  Voca pueros domum, pater; ne diutius in platea morentur.
7  Ne quis templum Veneris deformet.
8  Ad mare pergamus, amici, diuque ibi natemus.
9  Duc nos ad plateam, precor, atque ostende nobis illam formosam puellam.
10  Ne meos honores sic usurpes.
11  Neve sacra deae praetereantur neve templa deformentur.
12  Ne ad illam civitatem navigetis, amici; nam longe abest.
13  Noli stultus esse; veni mecum et dic mihi omnia.
14  Ne quis illam fabulam narret.
15  Fortis esto, mi fili, et parentem tuam ulciscere.

Ego et amicus per plateam mane ambulabamus cum multos homines vidimus qui ad ianuam domus regiae exspectabant. consistimus igitur et ipsi in turba exspectamus. tandem puella speciosa domo procedit; omnes eam ut deam venerabantur. amicus meus 'pergamus' inquit, 'amice, et deam ad templum comitemur.' ego autem 'noli stultus esse' inquam; 'illa non dea est sed filia regis, puella mortalis.' ille autem caput quassat et 'non diu' inquit 'gaudebis, qui deam neglegis; noli morari; me sequere confestim.' ego igitur, qui amicum retinere non poteram, eum in turbam secutus sum. tandem ad templum Veneris venimus; plurimi iam homines, quos rumor duxerat, pro templo stabant. puella autem omnes neglexit qui eam vocabant; templum intrat, Veneri supplicat, victimam offert. deinde domum procedit. amicus meus, ubi praeterit puella, stupide eam admiratur. ego 'perge domum' inquam; 'ne in platea sic stupide moreris.' ille autem nihil dixit; Cupidinis sagittis vulneratus est atque amore puellae flagrantissimo tentus.

# Chapter 2

## a Present participles

1 Psyche domi residens deflet suam solitudinem.
2 Puellam paventem aura molliter spirantis Zephyri levat.
3 Patri oraculum percontanti Apollo sic respondit.
4 Parentes Psychen ad montem comitantes lamentabantur.
5 Cuncti lacrimas fundentes domum redire paraverunt.
6 Adsunt Nerei filiae chorum canentes.
7 Talis ad Oceanum pergentem Venerem comitatur exercitus.
8 Puellae per plateas ambulanti cuncti supplicant.
9 Plurimi homines in viis stabant formositatem puellae admirantes.
10 Eum vidi templum Veneris deformantem.

## b Past participles—active verbs

1 Duae maiores sorores regibus desponsae iam beatas nuptias habent.
2 Puellam in scopulo statutam cuncti deserunt.
3 Parentes, clausae domus abstrusi tenebris, perpetuae nocti sese dediderunt.
4 Psyche a cunctis relicta in scopulo stabat.
5 Pater oraculum auditum metuebat.
6 Venus filio confestim vocato totam narravit fabulam.
7 Cuncti puellam semel visam amabant.
8 Venus filium his verbis stimulatum perduxit ad illam civitatem.
9 Cupido ad conspectum Psyches perductus formositatem eius admiratur.
10 Psyche, a Zephyro levata tranquilloque spiritu vecta, in vallem florentem delabitur.

## c Past participles—deponent verbs

1 Haec locuta virgo tacuit.
2 Zephyrus Psychen leniter delapsam reclinat.
3 Pater oraculum percontatus tristis domum rediit.
4 Maesti parentes diu cunctati nefarium facinus perfecerunt.
5 Psyche parentes his verbis hortata ad montem procedit.
6 Cuncti Psychen ad montem secuti domum redire parant.
7 Mihi oraculum percontato sic respondit Apollo.
8 Dies plurimos lamentati tandem sortem efficere debuerunt.
9 Apollini haec locuto parere necesse erat.
10 Amicos filiam domum comitatos pater laudavit.

### d  Participles–future

1   Puella nuptura deterget lacrimas.
2   Cuncti puellam deserturi lacrimas fuderunt.
3   Nefarium facinus perfecturi parentes diu cunctabantur.
4   Pueros domum redituros pater vocavit.
5   Pater filium plura locuturum interpellavit (*interrupt*).
6   Virgo peritura fortiter processit.
7   Rex ad oraculum perrexit Apollinem percontaturus.
8   Plurimi homines in plateam convenerunt spectaculum visuri.
9   Parentes filio longum iter facturo multa dixerunt.
10  Cuncti ad montem procedunt Psychen comitaturi.

### e  Participles–mixed

1   Puer a rege laudatus domum rediit gaudens.
2   Eximium spectaculum visuri cives gaudebant.
3   Formositatem illius puellae admiratus in plateam eam secutus sum.
4   Cives fabulam ab advena narratam mirabantur.
5   Rex cives confestim vocatos ad templum perduxit.
6   Pater a superis monitus sortem efficere debuit.
7   Plebeius ad regem accessit filiae nuptias petiturus.
8   Parentes filium de summo cacumine montis delapsum lamentantur.
9   Venus filium sic precata proximas oras maris petiit.
10  Cives diu in platea cunctati domum redierunt.
11  Rex oraculum Apollinis auditurus valde metuebat.
12  Soror pueris ad mare perductis spectaculum eximium ostendit.
13  Eum vidi templum Veneris deformaturum.

Miserrimus pater, iram superum metuens, Apollinis percontatur oraculum atque precibus et victimis filiae petit nuptias et maritum. cui Apollo sic respondet:
'montis in excelso scopulo, rex, siste puellam . . .'
quae ubi audivit, rex tristis domum regressus suae coniugi praecepta sortis dixit. multa lamentati plurimosque dies cunctati, tandem parentes diram sortem efficere parant. Psychen ad montem pergentem cuncti cives comitantur, lacrimas fundentes. ipsa puella, parentes adhortata, populum producit, nihil metuens sed fortiter procedens. summum ad montem progressi, puellam in excelso scopulo statutam cuncti deserunt; tum maestos parentes secuti domum redierunt. illam autem paventem et trepidam aura molliter spirantis Zephyri levat et vallis florentis gremio leniter delapsam reclinat.

# Chapter 3

## a  Ablative absolute

1    Toto persequente populo producitur funus.
2    Rex oraculo audito tristis domum redit.
3    Finitis voluptatibus, suadente vespere, concessit Psyche cubitum.
4    Marito cum nocte dilapso totum diem lacrimans consumit.
5    Vocato confestim puero mater omnia narravit.
6    Limine transito Psyche domum intravit.
7    Vinum cibusque nullo serviente afferuntur.
8    Rege duce omnes ad summum montem iverunt.
9    Auctore Apolline puella in montis scopulo relicta est.
10   His cognitis sorores ad parentum conspectum perrexerunt.

## b  Mixed participles

1    Parentes nefarium facinus perficere cunctantes ipsa filia adhortata est.
2    Parentibus cunctantibus ipsa filia fortiter processit.
3    Pueros in platea visos ad se vocavit.
4    Pueris in platea visis domum rediit.
5    His dictis abiit.
6    Haec locutus abiit.
7    Puella in carcere clausa ne sorores quidem de se maerentes videre poterat.
8    Puella domum regressa sorores vidit.
9    Patri haec suadenti filius paruit.
10   Patre suadente filius ad Graeciam navigavit.

## c  Indirect statement

1    Puer dicit se voces audire.
2    Pueri dixerunt se voces audire.
3    Psyche dicit se nunc periisse.
4    Puella promisit se cuncta facturam esse.
5    Maritus dicit sorores eius ad scopulum mox venturas esse.
6    Psyche negavit se maritum suum unquam vidisse.
7    Sorores cognoverant puellam in scopulo relictam esse; putabant eam periisse.
8    Omnes dixerunt se formositatem puellae admirari.
9    Iam proximas civitates fama pervaserat Venerem aliam in terris natam esse.
10   Parentes negaverunt se nefarium facinus perfecturos esse.
11   Negavimus nos puellam ad montem perduxisse.
12   Psyche speravit se sorores mox visuram esse.
13   Vidit horrea magnis gazis plena esse neque ullo vinculo muniri.
14   Puella scivit maritum suum omnia sibi daturum esse.
15   Negaverunt se quicquam ei dedisse.

Psyche sororibus suis salutem dat.

ego, parentibus totoque populo domum regressis, sola relicta sum in summo cacumine montis. iam neminem videre potui, nihil audire. tum auram Zephyri audivi molliter spirantem. sentio me levari et paulatim per devexa montis vehi; tandem in vallem florentem leniter delapsa dulciter conquievi. mox somno recreata placido animo resurrexi. vidi multas arbores, vidi fontem perlucidum, et prope fontem domum regiam conspexi summa arte aedificatam. propius accessi limenque transire ausa, horrea magnis plena gazis conspexi. mihi omnia spectanti accessit vox quaedam sine corpore, quae dixit se meam famulam esse; me iussit corpus curare: mox regales epulas paratas fore. quibus auditis me lavi, deinde viso cenatorio mensae accubui. statim vinum cibusque nullo serviente afferuntur. scio vos haec admiraturas esse et vix credituras me vera loqui; hoc tamen promitto, ea quae scripsi omnia sic facta esse. venite igitur, sorores carissimae, ipsaeque videte. valete.

# Chapter 4

## a  Indirect command

1    Psyche marito persuadebat ut sorores videret.
2    Maritus Psychen monuit ne quando de forma sua quaereret.
3    Zephyro impera ut sorores huc mihi sistat.
4    Psyche Zephyrum admonet ut praecepta mariti efficiat.
5    Psyche parentes adhortata est ut praecepta Apollinis efficerent.
6    Puella parentes adhortatur ne praecepta dei neglegant neve diutius morentur.
7    Pater puero imperaverat ut statim domum rediret neve in platea cunctaretur.
8    Puella matrem rogavit ut cibum sibi daret.
9    Patrem rogabo ne eos ad summum montem ducat.
10   Rex imperavit ne quis ad illam civitatem navigaret.

## b  Final clauses

1    Psyche domo procurrit ut sorores suas videret.
2    Psyche maritum complexa est ut eum vi et potestate amoris vinceret.
3    Domum intra, amice, ut corpus cures.
4    Totus populus conveniebat ut Psychen comitaretur.
5    Sorores festinant ne sero adveniant.
6    Rex hoc fecit ne dei sibi irascerentur.
7    Puella limen transire ausa est ut domum spectaret.
8    Rex gazas multis vinculis muniebat ne quis eas eriperet.
9    Sorores ad scopulum istum protinus accesserunt ut eam lugerent.
10   Iuvenis se domi clausit ne quis se videret.
11   Domum redibo ut parentibus cuncta narrem.
12   Ne consilium tacitum proderet, Psyche sorores Zephyro tradidit ut eas reportaret.

Ea nocte paulo maturius ad lectum maritus reversus Psychen etiam nunc lacrimantem invenit; eam precatus est ne sic et diem et noctem lacrimaret; rursus admonuit eam ne responderet, si forte sororum lamentationes audiret, neve omnino prospiceret. illa autem marito parere nolebat sed multis precibus et blanditiis ei persuadebat ut sorores videret. tandem ille novae nuptae annuit sed saepe monuit ne quando sororum pessimo consilio cedens de forma mariti quaereret; si enim hoc fecisset, eam suum postea amplexum nunquam contacturam esse. illa gratias egit marito et dixit se morituram esse priusquam marito dilecto careret: amare enim eum, quicumque esset, nec ipsi Cupidini eum comparare. id quoque eum orabat, ut Zephyrum iuberet sorores illuc sibi sistere. sic vi et potestate Veneris victus cessit et cuncta se facturum esse promisit atque iam luce appropinquante de manibus uxoris evanuit.

# Chapter 5

## a Direct questions

1 Haecine mihi promittebas, Psyche mea? quid iam de te tuus maritus exspecto?
2 Num etiam nunc lacrimas? nonne vis maritum tuum complecti?
3 Quid facitis, sorores? quamobrem miseras lamentationes nequiquam effunditis?
4 Quis harum rerum est dominus? quis vel qualis est tui ipsius maritus?
5 Num hoc tibi placuit? nonne superbiam eius punire vis?
6 Vidistine has gazas? quot monilia (*necklaces*) in domo iacent et quantum aurum?
7 Unde tantas opes comparavit? quomodo tanta copia uti poterit?
8 Quando sorores visura sum? utrum ad conspectum meum venient annon?
9 Utrum puella sororibus respondebit an mariti praeceptis parebit?
10 Utram sororem conspicio? ubi est altera?

## b Indirect questions

1 Sorores percontantur quis illarum rerum sit dominus.
2 Sorores percontatae sunt quis illarum rerum esset dominus.
3 Mirantur unde Psyche tantas opes comparaverit.
4 Mirabantur unde Psyche tantas opes comparavisset.
5 Psyche nescit quando sorores visura sit.
6 Psyche nescivit quando sorores visura esset.
7 Maritus Psychen rogavit num haec sibi promisisset.
8 Quaerit quamobrem miseras lamentationes nequiquam effundant.
9 Recordari non possum utrum maritus eius fuerit venator an miles.
10 Nescio utrum haec patienti animo perlaturus sis necne.
11 Iuvenis quaerebat unde venissent et quo irent.
12 Nonne vides quantum tibi periculum adsit?
13 Recordare quam superbe illa nobiscum egerit.
14 Quaesivimus num quis patrem nostrum vidisset.
15 Dic mihi utrum ad Graeciam navigaturus sis necne.
16 Non audiverant quis templum Veneris deformavisset.
17 Cognovistine utra soror domum prior redierit?
18 Pueros rogavimus quot libros legissent.

19    Pater filium rogavit utrum domi manere vellet an ad montem secum ire.
20    Percontabor num cuncti oraculum audiverint.

Denique altera sororum curiose percontari coepit quis illarum rerum esset dominus et qualis esset ipsius maritus. nec tamen Psyche mariti illud praeceptum obliviscitur sed fingit maritum esse iuvenem quendam et speciosum. et ne consilium tacitum proderet, auro gemmisque oneratas vocato Zephyro eas tradidit ut reportaret. quo facto sorores egregiae domum redeuntes multa secum colloquebantur. sic denique infit altera: 'hocine tibi placuit, ut soror novissima tantis opibus et deo marito potiretur? vidisti, soror, quantum aurum in domo haberet? quod si maritum etiam tam formosum tenet, ut affirmat, nulla nunc in orbe toto felicior vivit.' respondet altera: 'ego vero non possum sustinere diutius tam beatam fortunam illapsam indignae. nescio autem num tu haec patienti animo perlatura sis. recordare quam arroganter nobiscum egerit. cogitemus igitur quid facere debeamus ut superbiam eius puniamus.' sic locutae domus suas contendunt, dolum scelestum struentes, quo sororem insontem ad exitium perducant.

# Chapter 6

### a  cum = when

1     Cives, cum ad montem pergerent, omnes lacrimabant.
2     Cum ad sopulum advenissent, Psychen deseruerunt.
3     Sorores, cum domum redirent, multa secum colloquebantur.
4     Psyche, cum hunc nuntium audivisset, gaudebat.
5     Cum sorores tuae venerint, noli eis respondere.
6     Quam beatae erimus cum infantem illum crescentem videbimus!
7     Cum rem diu cogitaverimus, firmiores redibimus ut superbiam eius puniamus.
8     Iam nox erat cum maritus eius rediit.
9     Psyche domum spectabat cum vocem audivit.
10    Pueri cum cuncta cognovissent ad parentum conspectum perrexerunt.

### b  cum = since

1     Cum maritus meus sit patre meo senior et cucurbita calvior, ego misera sum.
2     Cum te videre non possim, redde saltem conspectum sororum.
3     Maritus, cum uxorem diligeret, promisit se omnia facturum esse.
4     Cum Psyche prioris sermonis oblita esset, novum instruit mendacium.

### c  Impersonal verbs

1     Te oportet praecepto meo parere.
2     Cum te videre mihi non liceat, redde saltem conspectum sororum.
3     Licet sorores tuas videas.
4     Sororibus placuit Psyches superbiam punire.
5     Puellam non paenitebit formositatis.
6     Eum non oportuit mendacium fingere.

7   Nonne vos pudet sororem vestram fallere?
8   Me miseret puellae.
9   Non eum decuit mihi irasci.
10  Accidit ut paullo maturius domum redirent.
11  Regi plaucuit oraculum Apollinis percontari.
12  Nonne mihi licet templum intrare?
13  Me iuvat citharam audire.
14  Eos non oportuit templum Veneris deformare.

Tunc sic iterum maritus suam Psychen admonet: 'dies ultimus adest. sanguis inimicus iam arma sumpsit et castra commovit et aciem direxit. cum tantis urgeamur cladibus, Psyche dulcissima, te oportet domum, maritum, te ipsam imminenti ruina liberare. cum igitur illae scelestae feminae ad scopulum advenerint, non tibi licebit eis respondere nec prospicere omnino.' quae cum audivisset Psyche, respondit lacrimans: 'non te decet fidei meae diffidere. novisti enim iamdudum quanta mihi insit firmitas animi. tu modo Zephyro nostro impera ut sorores huc mihi sistat. cum enim te videre mihi non liceat, redde saltem conspectum sororum.' Psyche igitur, cum marito his verbis persuasisset, sorores anxio animo exspectabat. at illae, cum primum ad scopulum advenissent, summa temeritate in altum prosiluerunt et nihil moratae domum intraverunt. tum fraudem vultu laeto tegentes Psyches animum invadere coeperunt. cum igitur saepe de marito quaererent, qualis esset et unde natus, Psychen non puduit novum mendacium instruere. illae senserunt eam mendacium finxisse et, cum etiam magis irascerentur, consilium ceperunt quo sororem fallerent.

# Chapter 7

## a  Verbs of fearing

1   Timemus ne cladem accipiamus.
2   Valde timeo ne verum sit quod dicitis.
3   Sorores metuebant ne quid mali ipsae acciperent.
4   Psyche metuit ne non iterum sorores videat.
5   Verebatur ne quis se culparet.
6   Veriti ne serpenti occurrerent, celeriter domum redierunt.
7   Timeo ad montem solus ire.
8   Psyche metuit de forma mariti quaerere.
9   Psyche timebat ne saevissimae bestiae visceribus sepeliretur.
10  Vereor ne Psyche marito non pareat.
11  Periculum est ne serpenti in montibus occurras.
12  Scelestus ille non timuit templum Veneris deformare.

## b  Impersonal use of passives

1   Patri a deo persuasum est ut filiam ad montem perduceret.
2   Cum puella tot mendacia fingat, nunquam ei creditur.

3    Zephyro imperatum est ut sorores ad Psychen ferret.
4    Cum cives mane processissent, cito ad templum perventum est.
5    Cum omnes valde timerent, totam noctem vigilabatur.
6    Psyche iubet citharam loqui: psallitur; choros canere: cantatur.
7    Psychae praeceptum est ne de forma mariti quaereret.
8    Maritis non semper ab uxoribus paretur.
9    Vix eis persuadebitur ut taceant.
10   Cum fama iam proximas civitates pervasisset, undique conventum est.

*The narrator, Lucius, has persuaded Fotis to let him watch her mistress Pamphile perform some magic; Pamphile, a witch, is using magic to win a young man with whom she has fallen in love.*

Quodam die Fotis satis trepida ad me accurrit dicitque dominam suam, metuentem ne nihil etiam tunc in suos amores ceteris artibus promoveret, nocte proxima in avem se mutaturam esse atque ad suum cupitum sic volaturam; itaque me parare iussit ut rem tantam spectarem. iamque nocte adeunte ad illud superius cubiculum tacito vestigio me perducit perque rimam (*a crack*) ostii me iubet spectare quae gererentur. iam primum omnes vestes exuit Pamphile et arcula (*a little chest*) aperta pyxidem (*a box*) inde depromit; cuius operculo (*lid*) remoto ungentum (*ointment*) profert atque ab imis unguibus (*toenails*) se totam usque ad summos capillos perlinit (perlinere = *to smear*). et cum multa secreto dixisset, membra leniter quatit. dum hoc facit apparent molles plumulae (*little feathers, down*); crescunt et fortes pinnae; duratur nasus (*nose*) incurvus; coguntur ungues adunci (*hooked*); fit bubo (*an owl*) Pamphile. sic edito stridore (*shriek, hoot*) querulo, iam sese periclitata paulatim terra se levat; mox in altum sublata e domo totis alis evolat.

# *Chapter 8*
## Conditional clauses

### a  Open conditions (indicative)

1    Si maritum tam formosum tenet, ut affirmat, nulla in orbe felicior vivit.
2    Si texeris nostra secreta silentio, infans divinus erit.
3    Si viri sui faciem ignorat, deo profecto nupsit.
4    Si divini pueri Psyche mater facta erit, statim me laqueo suspendam.
5    Nisi celeriter domum redierimus, parentes irascentur.
6    Si quis mendacia saepe fingit, ei non creditur.
7    Nisi mihi parebis, cladem accipies.
8    Si forte sororum voces audiveris, noli respondere.
9    Sive deo nupsit Psyche sive homini, viri sui faciem ignorat.
10   Si quis templum Veneris deformaverit, punietur.

### b  Remote and impossible conditions (subjunctive)

1    Psyche, si incepto mansisset, scelus audacissimum perfecisset.
2    Maritum suum vulneravisset, nisi ferrum manibus temerariis delapsum esset.

3 Si ad montem ivissent, immani serpenti occurrissent.
4 Nisi puella sororibus paruisset, saevissimae bestiae visceribus sepulta esset.
5 Nisi fessa delapsa esset ad solum, per nubes sublata esset.
6 Si mihi paruisses, nunc tanto in periculo non esses.
7 Si templum Veneris deformavisset, cladem accepisset.
8 Si lucernam haberem, formam mariti videre possem.
9 Si mihi pareas, cladem non accipias.
10 Si incepto maneat, scelus audacissimum perficiat.
11 Si statim veniatis, omnia cognoscatis.
12 Sive deo nupsisset sive homini, viri sui faciem non ignoraret.
13 Si pater adesset, nos adiuvaret.
14 Si tantum mendacium finxisset, non ei creditum esset.
15 Sive domum rediissent sive in montibus mansissent, summo fuissent in periculo.

*Lucius' attempt to imitate Pamphile ends in disaster*

Pamphile quidem magicis suis artibus sicut voluit mutata est; at ego tam mira re stupefactus, perfrictis (perfricare = *to rub*) diu oculis, me quaerebam num vigilarem. tandem reversus ad me, arrepta manu Fotidis, 'oro te' inquam 'per amores nostros, da mihi aliquantulum (*a little bit*) illius unguenti.' illa 'quid dicis?' inquit. 'si te avem faciam, ubi te quaeram? quando videam?' ego 'iuro' inquam 'per dulces illos capillos, quibus meum vinxisti spiritum, me nullam aliam meae Fotidi malle.' illi sic persuasum est ac summa cum trepidatione intravit cubiculum pyxidemque deprompsit arcula. ego eam amplexus, abiectis propere vestibus omnibus, avide unguentum sumpsi et corporis mei membra perfricui. nullae tamen plumulae crescunt neque usquam pinnulae, sed pili (*hairs*) mei crassantur (*grow thick*) in saetas (*bristles*), cutis (*skin*) tenera duratur in corium (*hide*) et de spinae (*spine*) meae termino magna cauda (*tail*) procedit; iam facies enormis et os ingens et nares (*nostrils*) hiantes (*gaping*); sic et aures crescunt longissimae. ac dum cuncta corporis mei considero, non avem me factum esse sed asinum video. de facto Fotidis, si potuissem, vehementer questus essem, sed iam humana voce privatus, humidis (*moist*) oculis respiciens ad illam, tacitus querebar.

# *Chapter 9*

## a  Gerunds

1 Psyche pergit ad maritum quaerendum.
2 Viatores diu errando defessi erant.
3 Zephyro praecepit ut ultra terminos domus flando me ferret.
4 Pueri ad mare festinaverunt natandi causa.
5 Lucius cupidus erat artem magicam discendi.
6 Mercator negotiando multas pecunias comparaverat.
7 Psyche cupida erat sorores videndi.
8 Re diu cogitata sorores redierunt Psychen puniendi causa.
9 Num illa scelus admisit maritum occidendi?
10 Scelestus ille ad forum nocte perrexit ad templum Veneris deformandum.

### b  Conditionals (indicative and subjunctive)

1    Si maritum tuum videro, tibi dicam.
2    Si de monte se praecipitavissent, certe periissent.
3    Si recte memini, nomen puellae est Psyche.
4    Si potuisset, de facto puellae vehementer questus esset.
5    Si parentes amas, praeceptis eorum parere te oportet.
6    Si te avem faciam, quando te videam?
7    Si domi mansissent, in periculo non essent.
8    Nisi ille loquax conticuerit, ego iratus ero.
9    Si quis deorum praecepta neglexerit, mox eum paenitebit.
10   Quid fecisses, si serpenti illi in montibus occurrisses?

Fotis, cum primum me aspexisset in asinum mutatum, percussit faciem manibus et 'perii misera' clamavit: 'me pyxidum similitudo (*similarity*) fefellit. sed facile est te in propriam tuam formam rursus mutare; nam si rosas ederis, exibis e forma asini statimque in meum Lucium redibis. atque si modo vespere de more nobis paravissem corollas (*garlands*) aliquas, non moram passus esses vel noctis unius, sed prima luce festinabo ad remedium (*cure, antidote*) tibi ferendum.' sic illa maerebat. ego vero quamquam asinus factus, sensum tamen humanum retinebam. diu mecum deliberavi num pessimam feminam calcibus (*heels*) feriendo necare deberem. tandem tamen deiecto capite ad equum illum meum in stabulum concedo, ubi alium quoque asinum inveni. atque putabam, si quid fidei inesset mutis (*dumb*) animalibus, illum equum hospitium (*hospitality*) mihi praebiturum esse. sed praeclarus ille equus meus cum asino caput confert, atque ad me opprimendum statim consentiunt. nam vix me ad praesepium (*manger*) viderunt accedentem, cum deiectis auribus, infestis calcibus insequuntur et me depellunt procul ab hordeo (*barley*) quod apposueram ipse meis manibus.

# *Chapter 10*

### a  Gerundives

1    Venus ancillis vocatis Psychen tradidit torquendam.
2    Psyche sorores Zephyro tradidit reportandas.
3    Rex templum aedificandum curavit.
4    Venus ipsa ad cenam nuptialem visendam concessit.
5    Puella mariti quaerendi causa populos circumibat.
6    Mater domum rediit ad filios videndos.
7    Formicae granis separandis Psychae periclitanti succurrerunt.
8    Scelestus ille templo deformando cladem ipse sibi accepit.
9    Aquila repente adfuit ad Psychen iuvandam.
10   Psyche magnos labores sustinuit in marito quaerendo.

### b  Gerundives of obligation

1    Masculus mihi sumendus est animus.

2    Maritus puellae diu quaerendus erat.

3    Hoc opus vobis ante vesperem conficiendum erit.

4    Non fingenda sunt tibi mendacia.

5    Spes eis non deponenda est.

6    Ad dominam mihi statim redeundum est.

7    Puellae a nobis statim succurrendum fuit.

8    Monitionibus Apollinis parendum erat.

9    Ad certum exitium ei pergendum fuit.

10   Pueris a patre persuadendum erat ne ad montem pergerent.

## c ut consequence

1    Formicae tanto studio totum digerunt acervum ut mox opus conficiant.

2    Psyche immanitate praecepti tam perterrita erat ut loqui non posset.

3    Formica Psyches adeo miserita est ut discurrens cunctas accolas convocaret.

4    Soror nefaria se de monte praecipitavit ita ut perierit.

5    Puer tam graviter vulneratus erat ut in cubiculo aeger iaceret.

6    Ille erat tam loquax ut numquam taceret.

7    Psyche monitionum mariti adeo oblita est ut sororibus pareret.

8    Tantam cladem accepit ut totam spem deponeret.

9    Tot mendacia fingit ut nemo ei credat.

10   Psyche tam anxia erat ut neque diem neque noctem conquiesceret.

Sic affectus in angulum (*corner*) stabuli concesseram, dumque de insolentia collegarum (*colleagues, companions*) meorum cogito atque equi perfidi vindictam (*vengeance upon* + *gen.*) meditor, aspicio residens in pila (*pillar*) media, quae stabuli tectum sustinebat, Eponae[1] deae simulacrum, quod rosis recentibus fuerat ornatum. itaque, extensis prioribus pedibus quantum poteram, insurgo valide et rosas vehementer peto. sed dum hoc facere conor, pessima sorte servus meus, cui semper equi cura commissa fuerat, repente conspiciens, indignatus exsurgit et 'quo usque (*how long*)' inquit 'istum asinum patiemur, qui nunc etiam simulacra deorum oppugnat? iam mihi iste scelestus puniendus est.' et statim telo invento miserum me tundere (*to belabour*) non desiit priusquam ianuis percussis sonus tam vehemens sublatus est ut profugerit perterritus.

nec mora, cum manus latronum (*robbers*) gladiis instructis ad domum diripiendam (*plunder*) irrumpunt; atque horreum (*store chamber*) in quo gazae (*treasures*) Milonis[2] erant clausae, securibus (*axes*) validis aggressi tantas opes corripiunt ut ipsi eas vehere non possent. itaque nos duos asinos et equum meum productos e stabulo gravissimis sarcinis (*bundles*) onerant et domo relicta nos saepe tundentes per montes ducunt.

---

[1] Epona was the goddess who protected horses and asses.

[2] Milo was Pamphile's husband, the master of the house.

# Chapter 11
## Use of the relative with the subjunctive

### a  Purpose

1    Psyche perrexit ad turrim altissimam unde se praecipitaret.
2    Repente aquila adfuit quae puellae succurreret.
3    Sorores festinaverunt quo celerius ad scopulum advenirent.
4    Nuntium miserunt qui cuncta regi narraret.
5    Cum ad inferos descenderis, offa tibi ferenda est quam Cerbero obicias.
6    Viam quaere qua ad auras superas redeas.
7    Cerberus te impedire conabitur quominus ( = ne) ad Proserpinam intres.
8    Psyche stipem secum tulit qua Charoni persuaderet ut trans flumen se portaret.
9    Turris illa Psychen prohibuit quominus se praecipitando periret.
10   Psyche offam Cerbero obiecit quam ederet.

### b  quin = qui ne

1    Cerberus Psychen non impedivit quin ad Proserpinam intraret.
2    Senex squalidus non recusavit quin eam trans flumen portaret.
3    Te non prohibebo quin ad inferos descendas.
4    Psyche non dubitavit quin ad certum exitium pergeret.
5    Non dubium est quin via difficilis sit.
6    Venus non negavit quin opus rite confectum esset.
7    Vix dubitare possum quin isti vera loquantur.
8    Scelestus ille non prohibitus est quin templum Veneris deformaret.

### c  Consecutive or generic

1    Venus non ea est quae inimicis ignoscat.
2    Nihil est quod me aeque delectet.
3    Is erat qui uxori semper cederet.
4    Sunt qui huic fabulae non credant.
5    Non digna erat Psyche quae talem maritum haberet.
6    Nemo est quin (= qui non) hoc sciat.
7    Is erat qui templum Veneris deformet.
8    Psyche pulchrior erat quam quae homini nuberet.
9    Vix quisquam est quin ad inferos descendere timeat.
10   Sunt qui tacere non sciant.

### d  Various uses of ut

1    Maritus eius non est tam formosus ut affirmat.
2    Zephyro imperatum est ut sorores ad Psychen flando ferret.
3    Ut primum ad scopulum venerunt, in altum se praecipitaverunt.
4    Adeo festinaverunt ut non sero advenerint.

5   Senem rogavit ut se trans flumen portaret.
6   Festinaverunt ne sero advenirent.
7   Omnia Psyche perfecit ut sorores praeceperant.
8   Psyche sorores precata est ne quid de marito quaererent.
9   Tam formosa erat puella ut nemo eam rogare auderet ut sibi nuberet.
10  Sorores ut dignae erant sic perierunt.

Iamque confecta bona parte itineris, et viae spatio defessus et sarcinae pondere depressus ictibusque fustium (*sticks*) fatigatus, tandem constitui ad terram cadere neque ullis verberibus excitatus ad procedendum exsurgere. rebar enim latrones, quo celerius effugerent, sarcinas quas ego ferrem duobus aliis iumentis (*beasts*) distributuros esse meque lupis et vulturiis (*vultures*) devorandum relicturos. sed tam bonum consilium meum impedivit ille alius asinus quominus efficerem, qui statim fatigationem simulans ad terram cecidit quasi mortuus neque ullo modo exsurgere voluit, dum tandem latrones sarcinis eius mihi equoque distributis in vallem proximam eum praecipitaverunt. tunc ego miseri comitis fortunam cogitans constitui iam asinum me bonum dominis praebere. audiveram enim latrones secum colloquentes neque dubitabam quin ad finem viae accederemus. parvo denique clivo (*hill*) transito pervenimus ad locum destinatum, ubi iam pondere liberatus in pulvere (*dust*) volutando (*to roll*) me recreabam.

# Chapter 12

## a  Common uses of the genitive case

1   Illa puella amore hominis miserrimi tenetur.
2   Sorores Psychen deseruerunt, metuentes ne quid mali ipsae acciperent.
3   Ignarus periculi ille iuvenis montem summae altitudinis ascendit.
4   Psyche tam malae memoriae erat ut mendacii prioris oblita sit.
5   Non est deae verae nimis irae praebere.
6   Quis cupidus est inferos visendi?
7   Nonne te paenitet tanti sceleris?
8   Quid novi est, amice?
9   Hic equus mille sestertiorum est; nonne tuus pluris est?
10  Psyches sorores minoris sunt quam muscae (*flies*); muscae tamen aliquid virtutis habent; illae nihili sunt.

## b  Some common uses of the dative

1   Sorores quaerebant qualis ei esset maritus.
2   Ignotus maritus uxorem sibi Psychen fecit.
3   Zephyro impera ut sorores huc mihi sistat.
4   Ad dominam meam mihi redeundum est.
5   Cum puellae ad montem pergendum esset, non ei deerat firmitas animi.
6   Illud scelus tibi exitio erit.
7   Proserpinae erat ingens canis qui inferis praesidio erat.

8     Aquila urnulam puellae abstulit; deinde aqua completam ei reddidit.
9     Hoc opus statim nobis conficiendum est.
10    Ecce, adest tibi amicus qui nobis auxilio erit.

### c  Common uses of the ablative case

1     Psyche puella gratissima specie erat et sororibus multo pulchrior.
2     Immanis serpens, veneno plenus, tecum noctibus dormit.
3     Multi homines terra marique longis itineribus ·conveniebant.
4     Postero die sorores domo profectae, summa celeritate navigabant.
5     Tanto scelere suscepto, tu toro meo discede.
6     Quamquam humili (*humble*) loco natus, vir erat summo ingenio.
7     Gladium emi quingentis sestertiis, quo multos annos utebar.
8     Immanibus serpentibus illo loco visis, paene timore mortuus sum.
9     Somno recreatus, quinta hora placido animo resurgit.
10    Nuntio Psyche laeta erat et materni nominis dignitate gaudebat.

Speluncam (*cave*) habitabant latrones, super quam surgit mons summae altitudinis totamque cingunt silvae densissimis frondibus (*leaves, foliage*). ibi anus (*old woman*) quaedam senectute curvata, cui soli cura tot iuvenum commissa esse videbatur, latronibus cibum vinumque ministravit; qui cum satis cibi edissent poculisque aureis multum vini bibissent, mox conquiescebant. et ecce, nocte ineunte latrones excitati sunt instructique gladiis e spelunca se proripiunt. clara lux erat cum anxii atque solliciti reveniunt, nullam quidem sarcinam (*swag*) ferentes, sed tantum unam virginem vehebant, puellam gratissima specie, maerentem et crines (*hair*) lacerantem. eam intrantes speluncam sic alloquuntur: 'tu quidem salutis et virginitatis secura esto. nos hunc modum vitae suscipere paupertas coegit. parentes autem tui de tantis divitiis suis, quamquam satis cupidi, tamen certe sine mora parabunt idoneam suae filiae redemptionem (*ransom*).'

his verbis nihil sedatur (*calm*) dolor puellae sed capite demisso sine fine flebat. at illi anui praecipiunt ut blando (*soothing*) eam soletur (*comfort*) sermone. tunc anus 'bono animo esto' inquit, 'mi herilis (*my mistress*). ego tibi lepidam (*pleasant, charming*) fabulam protinus narrabo qua animum tuum soler.' quibus dictis fabulam incipit Cupidinis et Psyches.

Compounds of the same verb are usually grouped together after the simple verb; where principal parts of a compound are identical with the preceding verb, they are not repeated. Words marked with an asterisk are relatively uncommon; **the remainder should be learnt**.

All long vowels are marked with a macron, e.g. *nāscor,* except final *o* and *i*, which are long unless marked short, e.g. *nisĭ, egŏ.* Apart from final *o* and *i*, vowels bearing no mark are short. For the difference between length (a property of vowels) and quantity (a property of syllables), see W. S. Allen, Vox Latina (Cambridge, 1965), ch. 6. If a syllable contains a long vowel, it is automatically heavy, e.g. *nā-vēs;* but when a syllable contains a short vowel, its quantity is determined by the nature of the syllable ending; e.g. the first syllable of *că-nis* is light, but the first of *căm-pus* is heavy, although the vowel is short.

ā, ab, *prep. with abl.*  from, by
abdo, -ere, -didi, -ditum  I hide
*abscondo, -ere, -condidi, -conditum
   I hide
absentia, -ae, *f.*  absence
ac, atque  and
accidit (ut), -cidere, -cidit  it
   happens that
accumbo, -ere, -cubui, -cubitum  I
   lie down, recline
*acervus, -i, *m.*  heap, pile
aciēs, aciēi, *f.*  line of battle
ad, *prep. with acc.*  to
addo, -ere, -didi, -ditum  I add
adeo, *adv.*  so, to such an extent
adhuc, *adv.*  still
adulēscēns, -entis, *m.*  young man
*advena, -ae, *m.*  stranger
aedifico (1)  I build
aeger, aegra, aegrum  sick, ill
aequus-a-um  equal
aetās, aetātis, *f.*  age
aggredior, -i, -gressus  I go to, I
   attack
agito (1)  I put in motion, excite
ago, -ere, ēgi, āctum  I drive; I do,
   perform; I spend (of time)
   perago, *etc.*  I complete,
     accomplish
aio, ait, aiunt  I say, he says, they
   say
āla, -ae, *f.*  wing
albus-a-um  white
aliquantum, -i, *n.*  a moderate
   amount, some
   aliquantulum, -i, *n.* (*diminutive*)
     a little
aliqui, aliqua, aliquid  some
aliquis, aliquid  some one, something
alius, alia, aliud  other

alii . . . alii  some . . . others
alter, altera, alterum  the one, the
   other
altitūdo, -inis, *f.*  height
altus-a-um  high, deep
*amārus-a-um  bitter
amātor, -ōris, *m.*  lover
ambo-ae-o  both
ambulo (1)  I walk
āmēns, amentis  mad
amicus, -i, *m.*  friend
   amica, -ae, *f.*  girl friend
amo (1)  I love
*amplector, -i, amplexus  I embrace
*   amplexus, -ūs, *m.*  an embrace
*ancilla, -ae, *f.*  maidservant
anima, -ae, *f.*  life, soul
animus, -i, *m.*  mind
*annuo, -ere, annui  I consent, agree
ante, *prep. with acc.*  before
ānxius-a-um  anxious
aperio,-ire, aperui, apertum  I open
appāreo (2)  I appear
appello (1)  I call, address
appropinquo (1)  I approach
aqua, -ae, *f.*  water
aquila, -ae, *f.*  eagle
*arcula, -ae, *f.*  a little chest
*arcus, -ūs, *m.*  bow
arduus-a-um  high; difficult
argentum, -i, *n.*  silver
arma, -ōrum, *n.pl.*  arms, weapons
armo (1)  I arm, equip
*arrogāns, -antis  arrogant
ars, artis, *f.*  art, skill
ascendo, -ere, -scendi, -scēnsum  I ascend,
   climb
aspectus, -ūs, *m.*  sight, appearance
aspicio, -ere, -spexi, -spectum  I look at, see
assiduus-a-um  continual, constant

at  but
āter, ātra, ātrum  black
ātrium, -i, *n.*  hall
auctor, -ōris, *m.*  author, adviser
audāx, audācis  bold
audeo, -ēre, ausus, *semi-deponent*  I dare
audio (4)  I hear; I obey
augeo, -ēre, auxi, auctum  I increase
aura, -ae, *f.*  breeze; air
auris, -is, *f.*  ear
aurum, -i, *n.*  gold
  aureus-a-um  golden
aut ... aut  either ... or
autem  but, however
auxilium, -i, *n.*  help
avārus-a-um  greedy
avis, avis, *f.*  bird

beātus-a-um  happy, blessed
benignus-a-um  kind
*bēstia, -ae, *f.*  wild beast
*blanditiae, -ārum, *f. pl.*  endearments,
  flatteries
bonus-a-um  good
  bona, -ōrum, *n. pl.*  goods, blessings
  bene, *adv.*  well

*cacūmen, -inis, *n.*  top, summit
cado, -ere, cecidi, cāsum  I fall
  incido, -ere, -cidi, -cāsum  I fall into
caedo, -ere, cecidi, caesum  I beat, kill, cut
caelum, -i, *n.*  sky, heaven
  caelestis-e  heavenly
candidus-a-um  white, bright
*calvus-a-um  bald
canis, canis, *c.*  dog
cano, -ere, cecini, cantum  I sing
canto (1)  I sing, play
cantus-ūs, *m.*  singing, music
capio, -ere, cēpi, captum  I take
  accipio, -ere, -cēpi, -ceptum  I receive
  excipio, *etc.*  I receive, welcome
  suscipio, *etc.*  I undertake
  incipio, *etc.*  I begin
capillus, -i, *m.*  hair
caput, capitis, *n.*  head
carcer, carceris, *m.*  prison
careo (2) + *abl.*  I am without, I need
cārus-a-um  dear
castra, -ōrum, *n. pl.*  camp
cāsus, -ūs, *m.*  fall; chance
*catēna, -ae, *f.*  chain
*caterva, -ae, *f.*  crowd, company
causa, -ae, *f.*  cause
  causā, + *gen.*  because of, for the sake of
*cavea, -ae, *f.*  hollow, den
caveo, -ēre, cāvi, cautum  I beware of,
  guard against

cēdo, -ere, cessi, cessum  I give way to; I go
  accēdo, *etc.*  I go to, approach
  concēdo, *etc.*  I go away, retire
  discēdo, *etc.*  I leave
  incēdo, *etc.*  I go
  prōcēdo, *etc.*  I go forwards, advance;
    I succeed
celebro (1)  I celebrate, honour
celer, celeris, celere  quick
celeritās, -ātis, *f.*  speed
celero (1)  I speed up
cēna, -ae, *f.*  dinner
*cēnatōrium, -i, *n.*  dining room
certāmen, -inis, *n.*  contest, struggle
certus-a-um  certain, sure
certē, *adv.*  certainly; at least
cēteri-ae-a  the rest
chorus, -i, *m,*  dance, choir
cibus, -i, *m.*  food
*excido, -ere, -cidi, -cisum  I cut off
*cieo, -ēre, civi, citum  I put in motion; I
  summon
cingo, -ere, cinxi, cinctum  I surround
circā, *adv. & prep. with acc.*  around
*cithara, -ae, *f.*  cithara, lyre
civis, civis, *m.*  citizen
civitās, -ātis, *f.*  state, country
clādes, clādis, *f.*  disaster
clam, *adv.*  secretly
clāmo (1)  I shout
clārus-a-um  clear; bright, famous
claudo, -ere, clausi, clausum  I shut
clēmēns, -entis  kind, gentle
coepi, coepisse  I began
*coerceo (2)  I restrain, confine
*coetus, -ūs, *m.*  meeting
cōgitātio, -ōnis, *f.*  thought
cōgito (1)  I think about
cognōsco, -ere, cognōvi, cognitum  I get to
  know, learn; I recognize
cogo, -ere, coēgi, coāctum  I compel, force
*cohibeo (2)  I confine
*colōnus, -i, *m.*  farmer
comes, comitis, *c.*  companion
cōmis-e  courteous
comitor (1)  I accompany
committo, -ere, -misi, -missum  I commit;
  I entrust
comparo (1)  I compare; I acquire
compleo, -ēre, -plēvi, -plētum  I fill
complector, -i, complexus  I embrace
complexus, -ūs, *m.*  embrace
*conclūdo, -ere, -clūsi, -clūsum  I shut up
*cōnfestim, *adv.*  at once, speedily
coniūnx, coniugis, *c.*  husband or wife
*cōnsenēsco, -ere, -senui  I grow old
cōnscendo, -ere, -scendi, -scēnsum  I
  ascend, climb
cōnsidero (1)  I consider, contemplate

cōnsilium, -i, *n.* plan

cōnspectus, -ūs, *m.* sight

cōnspicio, -ere, -spexi, -spectum I catch
sight of, look at

cōnstituo, -ere, -stitui, -stitūtum I decide

contendo, -ere, -tendi, -tentum I strive; I
struggle; I hurry

*conticēsco, -ere, -ticui I fall silent

contio, -ōnis, *f.* meeting; speech

contrā, *adv. & prep. with acc.* on the
other hand; against

cōpia, -ae, *f.* plenty

*coquo, -ere, coxi, coctum I cook

corpus, corporis, *n.* body
corpus cūrāre to refresh oneself

*crassus-a-um thick

creo (1) I create, cause

crēsco, -ere, crēvi, crētum I grow

*crūs, crūris, *n.* leg

cubiculum, -i, *n.* bedroom

*cubīle, -is, *n.* bed

culmen, -inis, *n.* top, summit

culpo (1) I blame

cum, *prep. with abl.* with

cum, *conj.* when, since, although

*cumulus, -i, *m.* heap, summit

cunctor (1) I delay, hesitate

cupīdo, -inis, *f.* desire

cupidus-a-um eager; desirous of

cupio, -ere, cupii/cupīvi, cupītum I desire
cupītus-a-um desired, beloved

cūr? why?

cūra, -ae, *f.* care; anxiety

*cūriōsus-a-um careful; curious

cūro (1) I take care of, attend to

curro, -ere, cucurri, cursum I run
accurro, -ere, -curri, -cursum I run to
dēcurro, *etc.* I run down
discurro, *etc.* I run to and fro
occurro, *etc.* + *dat.* I run to meet, meet
prōcurro, *etc.* I run forth
recurro, *etc.* I run back
succurro, *etc.* + *dat.* I run to help

currus, -ūs, *m.* chariot

cursus, -ūs, *m.* running; course

custōdio (4) I guard

custōs, custōdis, *m.* guard

*curvo (1) I bend, curve

*daps, dapis, *f.,* dapēs, *f. pl.* feast

dē, *prep. with abl.* down from, from;
about, concerning

dea, -ae, *f.* goddess

dēbeo (2) I owe; I ought

dēcerno, -ere, -crēvi, -crētum I decide

mē decet (2) it is fitting for me

dēcipio, -ere, -cēpi, -ceptum I deceive

decus, decoris, *n.* beauty

dēfessus-a-um tired

*dēformo (1) I deface

dēdo, -ere, -didi, -ditum I surrender, give up

dein, deinde, *adv.* then

dēlecto (1) I delight

dēlibero (1) I consider, think about

dēnique, *adv.* finally

dēns, dentis, *m.* tooth

*dēnsus-a-um thick

dēscendo, -ere, -scendi, -scēnsum I descend

dēsero, -ere, -serui, -sertum I leave behind,
desert
dēsertus-a-um deserted

dēsino, -ere, dēsii, dēsitum I cease

*dēspōnsus-a-um betrothed

dēstinātus-a-um destined, fixed

*dētergeo, -ēre, dētersi I wipe away

deus, -i, *m.* a god

*dēvexus-a-um sloping
*       dēvexa, *n.pl.* slopes

*dēvoro (1) I devour, swallow

dexter, dextera, dexterum right
_ dextra, -ae, *f.* the right hand

dico, -ere, dixi, dictum I say
dictum, -i, *n.* a saying, word

diēs, diēi, *m.* day
in diēs day by day

difficultās, -ātis, *f.* difficulty

*diffido, -ere, diffisus, *semi-deponent* + *dat.*
I distrust

*digero, -ere, -gessi, -gestum I separate

dignitās, -ātis, *f.* worth; dignity

dignus-a-um + *abl.* worthy (of)

diligentia, -ae, *f.* carefulness

dīligo, -ere, -lēxi, -lēctum I love

dīrigo, -ere, -rēxi, -rēctum I direct

dirus-a-um dire, terrible

*discerno, -ere, -crēvi, -crētum I separate

*distribuo, -ere, -tribui, -tribūtum I divide,
distribute

diū, *adv.* for a long time
_ diūtius, *adv.* longer

dīvinus-a-um divine

dīvitiae, -ārum, *f.pl.* riches

do, dāre, dedi, datum I give

doleo (2) I grieve, feel pain

dolor, -ōris, *m.* grief, pain

dolus, -i, *m.* trickery

domina, -ae, *f.* mistress

dominus, -i, *m.* master, lord

domus, -ūs, *f.* house, home
domi at home

dormio (4) I sleep

dubito (1) I doubt; I hesitate

dubius-a-um doubtful; dangerous

dūco, -ere, dūxi, ductum I lead
dēdūco, *etc.* I lead down
indūco, *etc.* I lead into
perdūco, *etc.* I lead through
prōdūco, *etc.* I lead forward

dulcis-e sweet
dum while; until; provided that
duo, duae, duo two
dūro (1) I harden; I endure
dūrus-a-um hard

ē, ex, *prep. with abl.* out of, from
ecce! look!
edo, ēsse, ēdi, ēsum I eat
ēdo, -ere, ēdidi, ēditum I give out, utter
egŏ I
   egomet I myself
ēgregius-a-um outstanding, excellent
ēligo, -ere, ēlēgi, ēlēctum I choose
emo, -ere, ēmi, emptum I buy
enim for
*ēnormis-e enormous
eo, īre, ii/īvi, itum I go
   abeo, -īre, -ii, -itum I go away
   adeo, *etc.* I go to, approach
   circumeo, *etc.* I go round
   exeo, *etc.* I go out
   ineo, *etc.* I go into
   redeo, *etc.* I go back, return
   praetereo, *etc.* I go past; I neglect
   trānseo, *etc.* I go over, cross
*epulae, -ārum, *f.pl.* banquet
equus, -i, *m.* horse
ergo, *adv.* therefore
erro (1) I wander; I make a mistake
et and; also
   et . . . et both . . . and
etiam also, even
*ēvānēsco, -ere, ēvānui I vanish
*excelsus-a-um high
excito (1) I stir up, excite
*excīdo, -ere, -cīdi, -cīsum I cut off
exercitus, -ūs, *m.* army
eximius-a-um excellent, outstanding
exitium, -i, *n.* destruction
experior, -īri, expertus I test
exstinguo, -ere, -stīnxi, -stīnctum I
   extinguish; I destroy
*extendo, -ere, extendi, extentum I stretch
   out
extrēmus-a-um furthest; utmost
exuo, -ere, exui, exūtum I take off

fābula, -ae, *f.* story
faciēs, -ēi, *f.* face; appearance
facilis-e easy
facinus, -oris, *n.* deed; crime
facio, -ere, fēci, factum I do; I make
   cōnficio, -ere, -fēci, -fectum I finish
   efficio, *etc.* I accomplish, effect
   perficio, *etc.* I finish
   praeficio, *etc.* I put in charge
   reficio, *etc.* I restore, repair
factum, -i, *n.* deed

fallo, -ere, fefelli, falsum I deceive, trick
fāma, -ae, *f.* rumour, reputation, fame
familia, -ae, *f.* household
*famula, -ae, *f.* maidservant
*famulus, -i, *m.* servant
*fatigātio, -ōnis, *f.* exhaustion
*fatigo (1) I wear out
fēlix, fēlicis lucky, happy
fēmina, -ae, *f.* woman
fera, -ae, *f.* wild beast
ferio, -īre, percussi, percussum I strike, beat
fero, ferre, tuli, lātum I carry, bring, bear
   affero, -ferre, attuli, allātum I bring to
   cōnfero, -ferre, -tuli, collātum I bring
     together
   dēfero, *etc.* I bring down
   offero, -ferre, obtuli, oblātum I offer
   perfero, *etc.* I carry through; I endure
   prōfero, *etc.* I bring forward
   refero, *etc.* I carry back
   trānsfero, *etc.* I transfer
ferrum, -i, *n.* iron; sword
ferus-a-um wild, savage
fessus-a-um tired
festīno (1) I hasten
*festīnanter hastily
fidēs, -ēi, *f.* faith, loyalty
filia, -ae, *f.* daughter
fīlius, -i, *m.* son
fingo, -ere, fīnxi, fictum I make; I invent,
   pretend
fīnio (4) I finish
fīnis, -is, *m.* end
fīo, fieri, factus I am made; I become
*firmitās, -ātis, *f.* firmness, strength
firmo (1) I strengthen
   affirmo (1) I assert
firmus-a-um strong, steadfast
flāgitium, -i, *n.* shocking act, scandal
*flagro (1) I burn
*    flagrāns, -antis burning
flamma, -ae, *f.* fame
fleo, flēre, flēvi, flētum I weep
   dēfleo, *etc.* I weep over
flētus, -ūs, *m.* weeping
*flo (1) I blow
flōreo (2) I flower, flourish
flōs, flōris, *m.* flower
flūmen, -inis, *n.* river
fluo, -ere, flūxi I flow
   dēfluo, *etc.* I flow down
fluvius, -i, *m.* river
fōns, fontis, *m.* spring; water
(for), fāri, fātus I speak
*forās, *adv.* outdoors, out
forma, -ae, *f.* appearance; beauty
*formīca, -ae, *f.* ant
formīdo, -inis, *f.* fear, dread

*formōsitās, -ātis, f.  beauty
formōsus-a-um  beautiful
forte, adv.  by chance
fortis-e  brave; strong
fortūna, -ae, f.  fortune
frūmentum, -i, n.  corn
fruor, frui, frūctus, + abl.  I enjoy
   perfruor, etc.  I enjoy thoroughly
fuga, -ae, f.  flight
fugio, -ere, fūgi, fugitum  I flee, escape
   from
   effugio, etc.  I flee from, escape
fundo, -ere, fūdi, fūsum  I pour
   diffundo, etc.  I pour out, spread
   effundo, etc.  I pour out
   infundo, etc.  I pour onto
fūnestus-a-um  funeral; deadly
fūnus, fūneris, n.  funeral, death

gaudeo, -ere, gavīsus, semi-deponent  I
   rejoice
gaudium, -i, n.  joy
*gāza, -ae, f.  treasure
*gemma, -ae, f.  jewel
gero, -ere, gessi, gestum  I carry, I carry on,
   do
gladius, -i, m.  sword
*glōriōsus-a-um  glorious, famous
gradior, gradi, gressus  I go
   digredior, -i, -gressus  I go away
   regredior, etc.  I return
gradus, -ūs, m.  step
*grāna, -ae, f.  a grain
grātia, -ae, f.  favour; grace; gratitude
   grātiās ago  I thank
grātus-a-um  pleasing; thankful
gravis-e  heavy; painful; serious
*gremium, -i, n.  bosom, lap

habeo (2)  I have; I consider
habito (1)  I live, I inhabit
herba, -ae, f.  grass
heu!  alas
hic, haec, hoc  this
hīc, adv.  here
homo, hominis, c.  man, human being
honestus-a-um  honourable
honor, -ōris, m.  honour
*horrendus-a-um  dreadful
*horrēsco, -ere, horrui  I tremble
*horreum, -i, n.  storehouse
horridus-a-um  horrid, savage
hortor (1)  I encourage
hūc, adv.  to this place, hither
hūmānus-a-um  human, humane
humerus, -i, m.  shoulder
humilis-e  low; humble
humus, -i, f.  ground
   humi, adv.  on the ground

iaceo (2)  I lie
iacio, -ere, iēci, iactum  I throw
   abicio, -ere, -iēci, -iectum  I throw away
   dēicio, etc.  I throw down, cast down
   obicio, etc.  I throw before
   prōicio, etc.  I throw down
iacto (1)  I throw, scatter
iam, adv.  now, already
iānua, -ae, f.  door
ibi, adv.  there
ictus, -ūs, m.  a blow
idōneus-a-um  suitable
ignis, ignis, m.  fire
igitur, adv.  therefore, and so
ignārus-a-um  ignorant, not knowing
ignōsco, -ere, -nōvi, -nōtum + dat.  I forgive
ignōtus-a-um  unknown
*īlico, adv.  instantly
ille-a-ud  that
illīc, adv.  there
immānis-e  huge, monstrous
immānitās, -ātis, f.  enormity
immemor, -oris  forgetful of
*immineo (2) + dat.  I hang over; threaten
immortālis-e  immortal
impar, imparis  unequal
impedio (4)  I hinder; I prevent
imperium, -i, n.  command
impero (1) + dat.  I order
impetus, -ūs, m.  attack
impius-a-um  ungodly, wicked
īmus-a-um  lowest, bottommost
in, prep. with acc.  into
in, prep. with abl.  in, at, on
incendium, -i, n.  fire
incendo, -ere, -cendi, -cēnsum  I set on fire
inceptum, -i, n.  beginning, undertaking
*inclūdo, -ere, -clūsi, -clūsum  I shut in
inde, adv.  from that place
*indignor (1)  I am indignant
*indignātio, -ōnis, f.  indignation
infāns, infantis, c.  child
infēlix, -īcis  unlucky, unhappy
inferus-a-um  lower
   inferi, -ōrum, m.pl.  the inhabitants of
     the lower world, the dead
infernus-a-um  belonging to the lower
   world
infestus-a-um  hostile
*infit  he, she begins
*inflammo (1)  I set on fire, inflame
*infortūnātus-a-um  unfortunate
ingēns, ingentis  vast
inimīcus-a-um  hostile, enemy
inīquus-a-um  unequal; unjust; hostile
inquam, inquit  I say, he says
insidiae, -ārum, f.pl.  plot, ambush
*insōns, insontis  innocent
inspicio, -ere, -spexi, -spectum  I look at

īnstruo, -ere, -struxi, -structum  I draw up, get ready; I equip
*īnsolentia, -ae, f.  insolence
īnsula, -ae, f.  island
inter, prep. with acc.  among; between
intereā, adv.  meanwhile
intereō, -īre, -ii, -itum  I perish
interim, adv.  meanwhile
intro (1)  I enter
*investīgo (1)  I search after; I discover
invidia, -ae, f.  envy, ill-will
invīto (1)  I invite
ipse, ipsa, ipsum  himself, etc.
īrāscor, -i, īrātus  I become angry
īra, -ae, f.,  anger
is, ea, id  this, that, he, she, it
iste, ista, istud  that
ita  so, in such a way
iter, itineris, n.  way, journey
iterum, adv.  again
iubeo, -ēre, iussi, iussum  I order
iungo, -ere, iūnxi, iūnctum  I join
    coniungo, etc.  I join together
iūnior -ius  younger
iūro (1)  I swear
iuvenis, -is, m.  young man
iuvo, -āre, iūvi, iūtum  I help
    me iuvat  it pleases me, I like

lābor, -i, lāpsus  I fall, slide
    collābor, etc.  I fall down
    dēlābor, etc.  I fall, sink down
    dīlābor, etc.  I slip away
    ēlābor, etc.  I slip out
*lacero (1)  I tear to pieces
*    dīlacero (1)  I tear to pieces
lacrima, -ae, f.  tear
lacrimo (1)  I weep
lacrimōsus-a-um  tearful
laedo, -ere, laesi, laesum  I hurt
laeva, -ae, f.  left hand
*lāmentātio, -ōnis, f.  lamentation
*lāmentor (1)  I lament
lapis, lapidis, m.  stone
*laqueus, -i, m.  a noose
lār, lāris, m. household god; home
*latro, latrōnis, m.  robber
lātum: see fero
lātus-a-um  wide
laudo (1)  I praise
laus, laudis, f.  praise
*lavācrum, -i, n.  bath
lavo, -āre, lāvi, lautum/lōtum  I wash
lectus, -i, m.  bed, couch
lēgitimus-a-um  lawful
*lēnis-e  gentle, smooth
*levo (1)  I lift up, raise
libēns, libentis  glad, willing
lībero (1) + abl.  I free from

libīdo, -inis, f.  lust
mihi licet (2)  I am allowed, I may
līmen, -inis, n.  threshold
locus, -i, m.  place
longus-a-um  long
longē, adv.  far
*loquāx, -ācis  talkative
loquor, loqui, locūtus  I speak, say
    alloquor, etc.  I speak to
    colloquor, etc.  I speak together
*lūgeo, -ēre, lūxi  I mourn
*lūgubris-e  mournful
lūmen, -inis, n.  light
lupus, -i, m.  wolf
lūsus, -ūs, m.  game
lūx, lūcis, f.  light

*maereo, -ēre  I am sad, mourn
maestus-a-um  sad
*magicus-a-um  magic
magnus-a-um  great, large
    magis, adv.  more greatly, more
    maior, maius  greater
    maximus-a-um  greatest
malum, -i, n.  evil; inury
malus-a-um  bad
    peior, peius  worse
    pessimus-a-um  worst, very bad
*mando (1)  I command, enjoin
māne, adv.  in the morning
maneo, -ēre, mānsi, mānsum  I remain; I abide by
    permaneo, etc.  I continue, remain
manus, -ūs, f.  hand; band
mare, -is, n.  sea
maritus, -i, m.  husband
*masculus-a-um  masculine
māter, mātris, f.  mother
mātrimōnium, -i, n.  marriage
mātūrus-a-um  ripe; early
meditor (1)  I think about
medius-a-um  middle
membrum, -i, n.  limb
memini, -isse  I remember
memoria, -ae, f.  memory
*mendācium, -i, n.  lie
mēnsa, -ae, f.  table
mēnsis, -is, m.  month
mercātor, -ōris, m.  merchant
metuo, -ere, metui, metūtum  I fear
metus, -ūs, m.  fear
meus-a-um  my
mīles, mīlitis, m.  soldier
minimus-a-um  smallest, least
*ministro (1)  I serve
minor (1)  I threaten
    comminor (1)  I threaten
minor, minus  less, smaller

mīror (1)  I wonder at
  admīror (1)  I wonder at
mīrus-a-um  wonderful
misceo, -ēre, miscui, mixtum  I mix
  commisceo, etc.  I mix together
miser, misera, miserum  wretched
  miserē, adv.
  misellus (diminutive)
misereor (2) + gen.  I pity
mē miseret (2) + gen.  I pity
*mitigo (1)  I pacify
*mītis -e  soft, gentle
mitto, -ere, mīsi, missum  I send
  inmitto, etc.  I send into, throw into
modŏ, adv.  only; just now
modus, -i, m.  way, manner
mōlēs, -is, f.  huge mass; greatness;
  difficulty
mollis-e  soft
moneo (2)  I advise, warn
  admoneo (2)  I remind, warn
monitio, -ōnis, f.  warning
mōns, montis, m.  mountain
mōnstro (1)  I show
  dēmōnstro (1)  I show, demonstrate
mora, -ae, f.  delay
morbus, -i, m.  disease
morior, mori, mortuus  I die
  moriturus, future participle
  mortuus-a-um  dead
moror (1)  I delay
mors, mortis, f.  death
mortālis-e  mortal, human
mōs, mōris, m.  custom
  dē mōre  as usual
moveo, -ēre, mōvi, mōtum  I move
  prōmoveo  I move forward, advance
mox, adv.  soon
*mulceo, -ēre, mulsi, mulsum  I soothe
mulier, -eris, f.  woman
multus-a-um  much, many
  multō, adv.
mūnio (4)  I protect
mūnus, -eris, n.  gift
Mūsa, -ae, f.  a Muse
mūto (1)  I change

nam  for
nārro (1)  I tell
nāscor, nāsci, nātus  I am born
  nātū  by birth
nato (1)  I swim
nauta, -ae, m.  sailor
nāvigo (1)  I sail
nāvis, -is, f.  ship
nē  lest
nē . . . quidem  not even
*nebula, -ae, f.  mist

nec/neque  and not
nec/neque . . . nec/neque  neither . . . nor
necesse, indeclinable adjective  necessary
neco (1)  I kill
nefārius-a-um  impious
neglego, -ere, -glēxi, -glēctum  I neglect
*negōtior (1)  I do business
negōtium, -i, n.  business
nēmo, -inis, c.  nobody
nepōs, -ōtis, c.  grandchild
*nēquam, indeclinable adjective  good for
  nothing, worthless
*  nēquissimus-a-um, superlative
*nēquitia, -ae, f.  wickedness

nēquiquam, adv.  in vain
nescio (4)  I do not know
nihil/nīl, indeclinable noun  nothing
nihil/nīl, adv.  not at all
nimis, adv.  too much, excessively
nisi  if not, unless
*niteo, -ēre  I shine
nōbilis-e  noble
nocturnus-a-um  during the night
nōlo, nōlle, nōlui  I do not wish, am
  unwilling
nōmen, -inis, n.  name
nōmino (1)  I call, name
nōn  not
nōn sōlum . . . sed etiam  not only . . .
  but also
nōs  we
  nōbiscum  with us
nōsco, -ere, nōvi, nōtum  I get to know;
  I recognize
noster, nostra, nostrum  our
novus-a-um  new, young
nox, noctis, f.  night
*noxius-a-um  harmful, noxious
nūbo, -ere, nūpsi, nūptum + dat.  I marry
nūllus-a-um  no; nobody
numero (1)  I count
numquam, adv.  never
nunc, adv.  now
nūntio (1)  I announce
  ēnūntio (1)  I report
  prōnūntio (1)  I proclaim
nūntium, -i, n.  news
*nūpta, -ae, f.  bride
*nūptiae, -ārum, f.pl.  marriage
*nūptiālis-e  marriage (adj.)
nusquam, adv.  nowhere
Nympha, -ae, f.  one of the Nymphs

ob, prep. with acc.  on account of
oblīviscor, oblīvisci, oblītus, often + gen.  I
  forget
occupo (1)  I seize; I occupy
ōceanus, -i, m.  ocean

oculus, -i, *m.* eye
ōdi, ōdisse I hate
*offa, -ae, *f.* titbit, morsel
officium, -i, *n.* duty
omnīno, *adv.* altogether, at all
omnis-e all
onero (1) I load
opīnio, -ōnis, *f.* opinion, belief
ops, opis, *f.* help
   opēs, opum, *f.pl.* wealth
mē oportet (2) I ought
opus, -eris, *n.* work
ōra, -ae, *f.* shore
orāculum, -i. *n.* oracle
orbis, orbis, *m.* circle, globe, earth
ōrno (1) I dress, adorn
ōro (1) I pray
ōs, ōris, *n.* mouth, face
*ōsculum, -i, *n.* kiss
ostendo, -ere, -tendi, -tentum I show
ōstium, -i, *n.* door

mē paenitet (2) I regret, repent
pānis, -is, *m.* bread
parēns, -entis, *c.* parent
pāreo (2) + *dat.* I obey
paro (1) I prepare
pars, partis, *f.* part
partim, *adv.* partly
parvus-a-um little
   parvulus-a-um, *diminutive*
passim, *adv.* everywhere
pater, patris, *m.* father
patior, pati, passus I suffer, put up with
   patiēns, -entis patient
patria, -ae, *f.* fatherland
paulātim, *adv.* little by little, gradually
paullo, *adv.* a little
pauper, pauperis poor
paupertās, -ātis, *f.* poverty
*paveo, -ēre, pāvi I tremble with fear
pectus, -oris, *n.* breast
pecūnia, -ae, *f.* money
pello, -ere, pepuli, pulsum I strike, drive
   impello, -ere, -puli, -pulsum I set in
    motion, drive into
   prōpello, *etc.* I drive away
*penetro (1) I enter
per, *prep. with acc.* through, on account of
percontor (1) I question
percutio, -ere, -cussi, -cussum I beat
*peredo, -ēsse, -ēdi, -ēsum I eat up
pereo, perīre, -ii, -itum I die
perfidia, -ae, *f.* treachery
perfidus-a-um treacherous
pergo, -ere, perrēxi, perrēctum I proceed, go
*periclitor (1) I test; I am in danger

periculum, -i, *n.* danger
*perimo, -ere, -ēmi, -ēmptum I destroy
*perlūcidus-a-um bright
perpetuus-a-um everlasting
pēs, pedis, *m.* foot
peto, -ere, petīvi *or* petii, petītum I seek: I
   make for
   repeto, *etc.* I seek again
pietās, -ātis, *f.* sense of duty, love, loyalty
*pinna, -ae, *f.* feather, wing
pius-a-um dutiful
placeo (2) + *dat.* I please
   mihi placet I decide
placidus-a-um gentle, calm
*platēa, -ae, *f.* town square
plēbēius, -i, *m.* a plebeian, a commoner
plērumque, *adv.* for the most part
plūs, plūris, *n.* more
plūrimus-a-um most
pōculum, -i, *n.* goblet
poena, -ae, *f.* punishment
   poenam do I pay the penalty
pondus, -eris, *n.* weight
pōno, -ere, posui, positum I place
   appōno, *etc.* I put before
   dēpōno, *etc.* I put down, lay aside
   expōno, *etc.* I put out; I put on shore
populus, -i, *m,* people; throng
*porrigo, -ere, -rēxi, -rēctum I stretch out
porto (1) I carry
   dēporto (1) I carry down
   reporto (1) I carry back
posco, -ere, poposci I demand
possideo, -ēre, -sēdi, -sessum I hold
   possess
possum, posse, potui I am able, I can
post, *prep. with acc.* after
posthāc, *adv.* after this time
potestās, -ātis, *f.* power
potior (4) + *abl.* I take possession of,
   obtain
potius, *adv.* rather
praebeo (2) I offer; I show
praeceptum, -i, *n.* command
praecipio, -ere, -cēpi, -ceptum I order
*praecipito (1) I hurl headlong
praecipuus-a-um extraordinary
   praecipuē, *adv.* especially
praeclārus-a-um remarkable
*praeda, -ae, *f.* booty, prey
praeditus-a-um endowed with
praesidium, -i, *n.* protection; garrison
precor (1) I pray, call upon
premo, -ere, pressi, pressum I press
   dēprimo, *etc.* I press down
   exprimo, *etc.* I express
   imprimo, *etc.* I press upon, imprint
   opprimo, *etc.* I overcome
   reprimo, *etc.* I curb, restrain

*pretiōsus-a-um  valuable, precious
prex, precis, f.  prayer
primus-a-um  first
   primum, adv.
   cum primum  as soon as
prior, prius  former, front
   prius, adv.  first
priusquam, conj.  before
*privo (1) + abl.  I deprive of
prō, prep. with abl.  in front of; on behalf of
procul, adv.  far off
prōdo, -ere, -didi, -ditum  I betray
*profecto, adv.  certainly
prohibeo (2)  I hinder; I prevent
prōmitto, -ere, -misi, -missum  I promise
prōmissum, -i, n.  a promise
*prōmo, -ere, prōmpsi, prōmptum  I bring out
*  dēprōmo, etc.  I bring out
prope, prep. with acc.  near
   propior, propius  nearer
   proximus-a-um  nearest
properē, adv.  hastily
propero (1)  I hasten
proprius-a-um  one's own
propter, prep. with acc:  on account of
prōspicio, -ere, -spexi, -spectum  I look out,
   look out for
prōtinus, adv.  immediately, forthwith
prōvincia, -ae, f.  province; task
*psallo, -ere  I play (the cithara)
mē pudet (2)  I am ashamed
puella, -ae, f.  girl
puer, pueri, m.  boy
pulcher, pulchra, pulchrum  beautiful,
   noble
pulchritūdo, -inis, f.  beauty
*pulso (1)  I strike; I play upon
pūnio (4)  I punish
*pyxis, pyxidis, f.  ointment box

quā  where
quaero, -ere, quaesivi or -ii, quaesitum  I
   seek, ask
qualis-e?  of what kind?
quam  how; than
quamobrem?  for what reason? why?
quamquam  although
quantus-a-um?  how great, how much?
quasi  as if
*quasso (1)  I shake
quatio, -ere  I shake
queror, queri, questus  I complain
*querulus-a-um  complaining, querulous
qui, quae, quod  who, which, what
quia  because
quicumque, quaecumque, quodcumque
   whoever, whatever
quid?  why?

quidam, quaedam, quoddam  a certain
quidem, adv.  indeed
quiēs, quiētis, f.  rest, sleep
quiēsco, -ere, quiēvi, quiētum  I rest, sleep
   conquiēsco, etc.  I rest, sleep
quis? quid?  who? what?
quis, quid  anyone, anything
quisquam, quaequam, quicquam  anyone,
   anything
quo?  whither?
quod  because
quod si  but if
quoque  also

rapio, -ere, rapui, raptum  I seize
   arripio, -ere, -ripui, -reptum  I snatch
   corripio, etc.  I snatch up
   ēripio, etc.  I snatch away, steal
*  mē prōripio, etc.  I hurry away
rārus-a-um  far apart, here and there
recēns, -entis  fresh, recent
*reclino (1)  I recline, set down
*recondo, -ere, -didi, -ditum  I put back
   again, shut
recordor (1)  I remember
recreo (1)  I restore, make better
rēctē, adv.  rightly
reddo, -ere, reddidi, redditum  I give back,
   return, give
rēgālis-e  royal
*rēgia, -ae, f.  palace
rēgina, -ae, f.  queen
rēgius-a-um  royal
rēgnum, -i, n.  kingdom
relinquo, -ere, -liqui, -lictum  I leave
reliquus-a-um  remaining
reor, rēri, ratus  I think
repente, adv.  suddenly
reperio, -ire, repperi, repertum  I find
repleo, -ēre, -plēvi, -plētum  I fill up
rēs, rei, f.  thing
respondeo, -ēre, -spondi, -spōnsum  I reply
revertor, reverti, reversus  I return
rēx, rēgis, m.  king
ripa, -ae, f.  bank
risus, -ūs, m.  laugh, smile
rite, adv.  according to the proper custom,
   duly
rosa, -ae, f.  rose
ruina, -ae, f.  ruin, downfall
*rūmor, -ōris, m.  report, reputation
rumpo, -ere, rūpi, ruptum  I break
   ērumpo, etc.  I break out
   prōrumpo, etc.  I break into
ruo, -ere, rui, rutum  I rush
rūrsus, adv.  again
rūs, rūris, n.  the country

saepe, *adv.* often
saevio (4) I rage
saevitia, -ae, *f.* savagery
saevus-a-um savage
sagitta, -ae, *f.* arrow
*salio, -ire, salui, saltum  I leap
*   exsilio, -ire, -silui  I leap up
*   prōsilio, *etc.*  I jump forwards, spring up
saltem, *adv.* at least
*salto (1)  I dance
*saltus, -ūs, *m.* leap
salūs, -ūtis, *f.* safety
    salūtem do  I send greetings
salūto (1)  I greet
sānctus-a-um sacred
sanguis, -inis, *m.* blood
satis enough
saxum, -i, *n.* rock
scelestus-a-um wicked
scelus, -eris, *n.* crime
scilicet, *adv.* to be sure (often ironical)
scindo, -ere, scidi, scissum  I cut, tear
    abscindo, *etc.*  I cut off
scio, scire, scivi, scitum  I know
scopulus, -i, *m.* rock
sē himself, herself, itself, themselves
    sēcum with himself, *etc.*
sēcrētum, -i, *n.* a secret
    sēcrēto, *adv.*
sēcūrus-a-um free from care; safe from
sed but
sedeo, -ēre, sēdi, sessum  I sit
    resideo, -ēre, -sēdi  I remain sitting; I
      am left
sēmen, -inis, *n.* seed
semper, *adv.* always
senectūs, -ūtis, *f.* old age
senex, senis, *m.* old man
senior, senius older
sēnsus, -ūs, *m.* feeling, sense
sentio, -ire, sēnsi, sēnsum  I feel
    cōnsentio, *etc.*  I agree with
sēparo (1)  I separate
sepelio, -ire, -pelivi *or* -pelii, -pultum  I bury
sequor, sequi, secūtus  I follow
    insequor, *etc.*  I follow; I criticize
    persequor, *etc.*  I follow; I take vegeance
      on
sermo, -ōnis, *m.* speech
sēro, *adv.* (too) late
*serpēns, -entis, *m.* serpent
servio (4) + *dat.*  I serve
servo (1)  I save, protect
    cōnservo (1)  I keep, retain
    observo (1)  I comply with
si if
    sive . . . sive  whether . . . or
sic thus
sicut just as

silentium, -i, *n.* silence
silva, -ae, *f.* wood
simul, *adv.* at the same time
simulācrum, -i, *n.* image
sine, *prep. with abl.* without
sisto, -ere, stiti, statum  I cause to stand,
    place
soleo, -ēre, solitus, *semi-deponent*  I am
    accustomed
sōlitūdo, -inis, *f.* loneliness
sollicito (1)  I disturb; seduce
sollicitus-a-um disturbed, anxious
*sōlor (1)  I comfort, console
solum, -i, *n.* ground
sōlus-a-um alone, only
somnus, -i, *m.* sleep
sonus, -i, *m.* sound
*sōpio (4)  I lull to sleep, calm
soror, -ōris, *f.* sister
sors, sortis, *f.* oracle, destiny, chance
*spargo, -ere, sparsi, sparsum  I sprinkle
spatium, -i, *n.* space
speciēs, speciēi, *f.* appearance, beauty
*speciōsus-a-um beautiful
spectāculum, -i, *n.* spectacle
specto (1)  I look at
spēro (1)  I hope
spiritus, -ūs, *m.* breath, spirit
*spiro (1)  I breathe, live
*splendeo, -ēre  I shine
*squālidus-a-um filthy
statim, *adv.* immediately
statuo, -ere, statui, statūtum  I cause to
    stand, place
*stips, stipis, *f.* a small coin
*struo, -ere, strūxi, strūctum  I arrange; I
    devise
    instruo, *etc.*  I draw up, get ready;
      I devise
studium, -i, *n.* eagerness
stultus-a-um foolish
*stupefactus-a-um senseless, astounded
*stupidus-a-um senseless, astounded
suādeo, -ēre, suāsi, suāsum + *dat.*  I urge,
    persuade
    persuādeo, *etc.* + *dat.*  I persuade
suāvis-e pleasant
sub, *prep. with abl.* under
*subdo, -ere, -didi, -ditum  I put under
subitus-a-um sudden
sum, esse, fui  I am
    absum, -esse, āfui  I am away
    adsum, -esse, -fui  I am present
    dēsum, *etc.*  I fail; I am wanting
    insum, *etc.*  I am in
summus-a-um highest, utmost
sūmo, -ere, sūmpsi, sūmptum  I take up
    cōnsūmo, *etc.*  I consume, spend
super, *prep. with acc.* above, on top of

superbia, -ae, *f.* pride
superbus-a-um proud
superior, superius higher; previous
supero (1) I overcome
superus-a-um upper
superi, -um the gods
*supplico (1) + *dat.* I pray to
surgo, -ere, surrexi, surrectum I rise, get up
   resurgo, *etc.* I rise again, get up again
*suspendo, -ere, -pendi, -pensum I hang
suus-a-um his own, her own, *etc.*

taceo (2) I am silent
tacitus-a-um silent, hidden
talis-e (of) such (kind)
tam, *adv.* so
tamen, *adv.* however
tandem, *adv.* at length
tango, -ere, tetigi, tactum I touch
   contingo, -ere, contigi, contactum I touch
tantus-a-um so great
tantum, *adv.* only
tectum, -i, *n.* roof; house
telum, -i, *n.* weapon
*temerarius-a-um rash
temeritas, -atis, *f.* rashness
templum, -i, *n.* temple
tempus, -oris, *n.* time
tenebrae, -arum, *f.pl.* darkness
teneo, -ere, tenui, tentum I hold
   obtineo, -ere, -tinui, -tentum I hold,
    possess
   retineo, *etc.* I retain
   sustineo, *etc.* I hold up
tener, tenera, tenerum tender, young
*terminus, -i, *m.* end
terra, -ae, *f.* land
   terra marique by land and sea
terreo (2) I frighten
   perterreo (2) I frighten thoroughly
*thalamus, -i, *m.* bedroom
theatrum, -i, *n.* theatre
*timeo, -ere, timui I fear
tolero (1) I endure
tollo, -ere, sustuli, sublatum I lift up; I
   remove
   extollo, -ere I lift up
*torqueo, -ere, torsi, tortum I twist: I torture
*torus, -i, *m.* couch, bed
totus-a-um all, the whole
trado, -ere, tradidi, traditum I hand over
tranquillus-a-um calm
tremo, -ere, tremui I tremble
*trepidatio, -onis, *f.* agitation
trepidus-a-um agitated
tres, tria three
triclinium -i, *n.* dining-room
tristis-e sad

tristitia, -ae, *f.* sadness
tu you
   tecum with you
tueor, tueri, tuitus I watch, protect
   intueor, *etc.* I look at
tuli: *see* fero
tunc, *adv.* then
*turbo (1) I disturb
turris, -is, *f.* tower
tuus-a-um your (*sing.*)

ubi where; when
ubi primum as soon as
ulciscor, -i, ultus I avenge
ullus-a-um any
ulterior, ulterius farther
ultimus-a-um last
ultra, *prep. with acc.* beyond
unda, -ae, *f.* wave
unde, *adv.* whence
undique, *adv.* from all sides
*unguentum, -i, *n.* ointment, perfume
unquam, *adv.* ever
unus-a-um one
urgeo, -ere I press, beset
*uro, -ere, ussi, ustum I burn
*   aduro, *etc.* I burn
usquam, *adv.* anywhere
*usurpo (1) I usurp
ut, *followed by subjunctive* so that, in
   order to
ut like, when, as
*uterus, -i, *m.* womb
utor, uti, usus + *abl.* I use
utrum . . . an whether . . . or
uxor, -oris, *f.* wife

vacuus-a-um empty
vado, -ere I go, walk
   invado, -ere, -vasi, -vasum I go into;
    I attack
   pervado, *etc.* I spread through
vagor (1) I wander
   pervagor (1) I wander through,
    spread through
valde, *adv.* very much
valeo (2) I am strong, am well
   vale, valete goodbye
validus-a-um strong
valles, -is, *f.* valley
varius-a-um different
vastus-a-um enormous
-ve or
vehemens, -entis violent, strong
veho, -ere, vexi, vectum I carry
vel . . . vel either . . . or
*velox, -ocis swift
venator, -oris, *m.* hunter

venēnum, -i, *n.* poison
veneror (1) I worship
venio, -ire, vēni, ventum I come
 advenio, *etc.* I arrive
 convenio, *etc.* I come together
 invenio, *etc.* I find
 pervenio, *etc.* I reach
*vēnor (1) I hunt
ventus, -i, *m.* wind
Venus, -eris, *f.* Venus
*verber, -beris, *n.* blow, lash
verbum, -i, *n.* word
vereor (2) I fear
vērus-a-um true, real
vēro, *adv.* in truth; but, however
vesper, -peris, *m.* evening
vester, vestra, vestrum your (*plural*)
*vestigium, -i, *n.* step, footprint
vestis, -is, *f.* clothing
via, -ae, *f.* way, journey
viātor, -ōris, *m.* traveller
*victima, -ae, *f.* a sacrificial victim
video, -ēre, vidi, visum I see
 videor, *etc.* I seem
vigilo (1) I am awake
*vigilia, -ae, *f.* watch
vincio, -ire, vinxi, vinctum I bind
vinco, -ere, vici, victum I conquer
vinculum, -i, *n.* chain

vinum, -i, *n.* wine
vir, viri, *m.* man, husband
*virginitās, -ātis, *f.* virginity
virgo, -inis, *f.* girl
virtūs, -ūtis *f.* virtue, excellence
vis, *acc.* vim, *abl.* vi, *f.* force
*viscera, -um, *n.pl.* innards, guts
viso, -ere, visi, visum I look at; I visit
vita, -ae, *f.* life
vivo, -ere, vixi, victum I live
vix, *adv.* scarcely
voco (1) I call
 convoco (1) I call together
volo (1) I fly
 advolo (1) I fly to
 āvolo (1) I fly away
 dēvolo (1) I fly down
 ēvolo (1) I fly out
 involo (1) I fly to
 pervolo (1) I fly through
volo, velle, volui I wish
voluptās, -ātis, *f.* pleasure
vōs you (*plural*)
vōx, vōcis, *f.* voice, word
vulnero (1) I wound
*  convulnero (1) I wound severely
vulnus, -eris, *n.* wound
vultus, -ūs, *m.* face, expression